カチャーシーどーい

—黒潮文化と乱舞の帯—

仲宗根　幸市　著

ボーダーインク

目次

はしがき

第4章　カチャーシーとは何か

第5章　カチャーシーの展開

第6章　カチャーシーのこころ

あとがき

日本列島 ― ぞめき（乱舞）の分布図

ハネト（青森県青森市・弘前市）
三原ヤッサ（広島県三原市）
島原ハイヤ節（長崎県島原市）
田助ハイヤ節（長崎県平戸市田助）
五島ハイヤ節（長崎県五島列島）
阿波踊り（よしこの）（徳島県一円）
球磨六調子（熊本県球磨地方）
牛深ハイヤ節（熊本県牛深市）
牛深六調子（熊本県牛深市）
薩摩六調子（鹿児島県一円）
鹿児島ハンヤ節（鹿児島県一円）
天草（大島本島・笠利町）
やんばる（大島本島・笠利町）
徳之島六調（徳之島一円）
喜界六調（喜界島一円）
奄美六調（大島本島・周辺離島）
カチャーシー（沖縄本島・周辺離島）
六調（宮古・多良間村）
ガーリ（八重山・石垣市）
八重山六調（八重山諸島一円）

はしがき

沖縄・奄美の人たちは、古来自らの思いをことばより歌や踊りで表現するのがうまかった。沖縄の人たちはカチャーシーのリズムを聴くとじっとしておれず、だれはばかることなく飛び出て乱舞する。見知らぬ人同士でも、踊りが始まれば皆きょうだいの気分になり、連帯感が湧くから不思議である。

黒潮の帯にさんざめくカチャーシーは、手をこねりガマク（腰）をこころもち入れ、上体を安定させて波に揺れているように踊る。この波に揺れるリズムに合わせたカチャーシーは、南島の人たちの原初的動作であり、沖縄芸能の原点である。

明るくにぎやかなカチャーシーは、ハレの祭りや日常生活でしょっちゅう出合う沖縄を代表するぞめきの芸能である。カチャーシーはエイサーの雄飛によって、日本本土はもとより海外でも熱い視線が注がれ、わが国で四国徳島の阿波踊りと双璧をなすぞめきの芸能といってよい。

かつて、私は沖縄本島北部のある村で感動的場面に遭遇したことがある。若いころ、他村へ嫁いだ明治生まれの女性が久しぶりにふるさとへ帰った。すると、道路でぱったり幼友だちに出合ったのである。くだんの二人の女性は、その瞬間他人の目をはばかることなくサッサッサッサッサと、およそ三十秒ほど踊り出した。二人は完全に陶酔状態にあった。「こういう世界もあったのか」と、私はこの劇的場面を目のあたりにして、圧倒されてしまったのである。二人にとって、カチャーシーは喜びの最高表現であり、挨拶ことばは二の次なのだ。ほとばしる感情の高揚こそ、歌や踊りの原点であることを強く実感した。

カチャーシーは、まれに一対一の場合が見られるが、集団の場合が断然多い。カチャーシーは沖縄の人たちの喜びの最高表現であり、魂の叫びなのである。

この情熱的踊りは、いったい何なのであろうか。私は長年沖縄のぞめきの芸能に関心を寄せてきた。カチャーシーはウチナーンチュ（沖縄の人たち）の生活にあまりに深く浸透しているため、県民にとって当たり前になり、ことさら考えることすらしない状態にある。したがって、沖縄のぞめきの芸能はこれまで体系的に究明されることはまったくといっていいほどなかった。

カチャーシーのテーマは深遠である。非力な私の手に負える世界ではない。だが一つの救いは、徳島県の民謡芸能研究家で、先年他界した桧瑛司氏と私は、二十年前から黒潮文化圏のぞめきの芸能を追究してきた経緯がある。黒潮の流れに花咲くぞめきの芸能を、桧氏は「乱舞の紐」、私は「乱舞の帯」と称してきた。

そんなことから、范洋としているカチャーシーの生態を芸能の発生から展開、社会的機能含め、その全体像を描きたいと私は考えるに至った。カチャーシーというぞめきの源泉、流れ、ざわめき、芸態《げいたい》の探索を通して、南島の芸能史や精神史のあらたな風景が見えるかも知れないからである。

本書はカチャーシーの流れと乱舞の広がりを、琉球列島だけでなく日本列島までも視野に入れ、系譜の解明を試みることにした。そこで見えてきたのは、カチャーシーに込められている庶民の熱い思いとさんざめく黒潮の神秘な作用であった。さらに万人を虜《とりこ》にする、すさまじいエネルギーのカチャーシー（そのもとになるサーサーモーイ）は、沖縄芸能の原点であることをあらためて確認出来たことである。

それでは、ウチナーンチュの祈りや喜び、夢をふくらます乱舞の華・カチャーシーの扉を開けよう。

第１章

各地のぞめき

ぞめきの世界

「ぞめく」というのは、「騒く」という字を当てる。意味は、さわぎはしゃぐこと。芸能用語としては、三線を弾いて、浮かれさわぐ歌舞のことをいう。

日本本土で、ぞめきのトップに挙げられている四国徳島の阿波踊りの場合、「ぞめき踊ろう」とか「ぞめき踊らんか」などのことばが使われている。沖縄では、古くは「モー弾《び》ちぐゎー出《い》じゃせー」（男女の野遊びの早弾きで舞おう）とか「草《そう》弾《び》ちせー」（急調子の歌曲で舞おう）、「あっちゃめーもーれー」（あっちゃめー曲で舞いなさい）、「やんばる汀間《てぃーまー》とぅもーれー」（やんばる汀間とぅというぞめき曲を舞いなさい）、「はねーかせー」（にぎやかにせよ）――と、いろいろ使われている。今次大戦後は、全県的に「カチャーシーもーれー」（カチャーシーで舞いなさい）、「カチャーシーどー」（カチャーシーの出番ですぞ）となって、カチャーシーはぞめきの代名詞になっている。

歌遊びにはルールがある。沖縄・奄美の歌遊びで、ぞめきの歌曲が最初に演唱されることはない。ぞめきは必ず宴席や祭りのフィナーレを飾る歌舞として位置づけられているのだ。そのことは、奄美の六調《ろくちょう》や天草《あまくさ》、九州のハイヤ（ハンヤ）節系なども共通である。ぞめきの芸能は、黒潮の北上するルートに多く、山中の村落には見られない。それからすると、ぞめきは海に向かって生活をしている地と関係深い。急調子の音楽と南島の人たちの原初的身体の動き（こねり手とスイング感のある自然発生的所作）が融合して成立したのが沖縄のカチャーシーである。

この希有《けう》な構成がウチナーンチュのエネルギーとなり、魂にもたとえられている。沖縄のぞめきカチャーシーには遠祖の息吹き、明朗闊達、勇敢、生への跳躍がみなぎり、黒潮の限りない生命力が脈うっているといえよう。

わが国におけるぞめきの芸能は前述したように、黒潮の北上する海辺の地に多い。沖縄県の八重山、宮古、沖縄本島、周辺離島、鹿児島県の奄美大島、九州の鹿児島、宮崎、熊本、長崎、中国の広島、四国の徳島など、いずれも黒潮の流れと関係ある地である。さらに、東北の青森まで含めてよいだろう。日本本土の分布は、江戸時代中期以降発達した北前船の活躍とも関係深いようだ。

八重山のガーリと六調

八重山は祭りの豊かな島である。南島の原文化をしのばす海の祭り、農耕儀礼など稲の魂を迎える民俗行事が息づいている。島人はニーラスク・カネーラスク（沖縄のニライカナイ）と呼ばれる海上楽土を昔から考えてきた。ニーラスク・カネーラスクは海上遥か彼方にあり、季節の折目にはニーラスクの使者が村々を訪ね富貴、繁昌、健康、長寿、豊穣をさずけ、生活の安泰を予祝してくれるという信仰が生きている。

八重山石垣島の豊年祭（プール、プーリと呼称）にガーリやガーラと称す踊りが登場する。ガーリ（ガーラ）は祭りにつきものの銅鑼、太鼓、掛け声に合わせ、二拍のリズムで身体を揺らしながら、押しては返す波のように乱舞する。ガーリは参加者が皆陶酔状態にあり、神と一体となった華やかな神遊び、神事《しんじ》舞踊の性格をもつ。

八重山諸島は六調の伝承地である。宮古は多良間島のみに伝承。八重山は情感深い節歌（三線歌）が多く、さわぎ歌はたいへん少ない。ましてや乱舞の伴うぞめき曲は、明治以前までなかったといってよい。そんな地へひとたびぞめき曲の六調が伝播すると、歌遊びの好きな八重山の人たちは、すぐ受容した。かれらは九州や奄美から伝来した六調を、八重山風にアレンジし、八重山独特のぞめきの芸能として発展させたのである。明治以後のこと。

八重山六調の特徴を要約すると、

○宴席のおひらきに登場すること。
○こねり手の所作《しょさ》と、身体全体を揺れるように踊る。
○演舞は自由奔放な乱舞形式。
○歌曲は一曲一民謡。歌詞は七七七五形の大和ことば。九州や奄美からの伝来曲を、八重山風にアレンジ。テンポは奄美の天草とほぼ同じで、ゆるやか。三線は二上がり調。
○誰でも参加可能。踊ることによって連帯感が生まれるという社会的はたらきがある。
○結句の次に「ユイヤナ」（ヨイヤナ）という囃子ことばが入る。

八重山六調の三線演奏は四通りある。①テンポがゆるやかで、八重山一円に伝承されている奏法②宮良六調と称す急調子（奄美六調の影響強し）③中弾きと称す①と②の中間④極端にゆっくり奏す技法（これはぞめき曲ではなく、聴かせる歌曲）。

八重山六調の奏法が複数あるのは、それだけ歌遊びが盛んであった証であり、歌遊びの中で考案されたという。八重山六調の源流は、九州・奄美に求めることが出来る。

六調が沖縄本島を素通りして八重山に定着発展したのは、沖縄にはぞめきの歌舞（カチャーシー系）があり、新参の六調を必要としなかったからである。

八重山六調

〽様《さま》は幾つか　二十二か三か
明けて二十五の　生《う》まれ年
ユイヤナ　ユイヤサマワ

〽わたしゃあなたに　七《なな》惚《ほ》れ八《や》惚れ
こんど惚れたら　いのちがけ

〽あなたとわたしは　卵の仲よ
わたしゃ白みで　きみを抱く

（囃子詞）
ア　スタコラ　スタコラ

チョイト待て待て
一《いち》かけ二《に》かけ三《さん》かけて
四《し》かけた女に思いをかけ
思う男が上になり
下からもちゃげよ面白さ

（以下略）

八重山六調は座興歌《ざきょうか》なので、酒が入るとエロチックな内容となり、座は大にぎわいとなる。踊りの基本は、沖縄のカチャーシーとほぼ同じ。

奄美のぞめき曲

・六調

六調は全国的に奄美が有名である。哀愁を帯びた静かな歌曲が多い奄美は、明治以降日本本土との往来が頻繁になり、ぞめきの歌舞への関心が高まった。そんな社会的欲求から奄美の人たちは、九州の六調子をスムーズに受容し、急調子の六調に替えたのである。歌曲は大和風・演舞は沖縄の乱舞の所作で…。だから奄美六調は、奄美版のカチャーシー（サーサーモーイ）といってよい。また、奄美では一九八一年徳之島における六調シンポジウムや群島規模の六調大会が何度も開催され、全国的に知られている。

奄美六調の特徴は

○宴席、芸能公演、八月踊りなどのおひらきに必ず登場すること。
○踊りに特別な型はないが、手をこねり身体全体を揺れるように踊る。
　沖縄のサーサーモーイ（カチャーシー）に近似。
○踊りは乱舞形式。
○だれでも参加出来る。踊ることによって連帯感を共有する。
○歌曲は一曲一民謡で、大和系。三線は三下がりの急調子。
○結句のうしろに「ヨイヤナ」の囃子ことばが必ず入る。

奄美六調

〽一つうたいましょう　はばかりながら
歌ぬあやまり　御免なされ　ヨイヤナ

〽踊りするなら　早よ出て踊れ
踊り習《なら》わば　今《いま》習お

〽千《せん》じゃ万《まん》じゃの　金には惚れぬ
わたしゃお前さんの　気に惚れて

〽わたしとお前は　羽織《はおり》のひもよ
たがいちがいに　結ばれて

〽様とわたしは　すずりの水よ

すればするほど　濃くなる
〽めでためでたの　若松様よ
枝も栄える　葉も茂る
〽沖の渡中《となか》に　茶屋町《ちゃやまち》立てて
上り下りの　舟走らち
〽高い山から　谷底見れば
瓜《うり》か茄子《なすび》の　花盛り
〽親の意見と　茄子の花は
千に一度の　あだはなし
〽大島下《くだ》らば　足袋《たび》持ち下れ
島や荒石《あらいし》　小石原《こいしはら》

芸能公演のフィナーレで、陽気に乱舞を繰り広げる奄美六調

〽桜島には　霞《かすみ》がかかる
わしゃお前さんに　気にかかる

〽わたしゃお前さんに　七惚れ八惚れ
こん度惚れたら　命がけ

〽なんぼ惚れても　御庭《おにわ》の蘇鉄《そてつ》
垣の外から　見たばかり

〽わたしゃお前さんに　一かけ二かけ
三でかけたら　命がけ

（以下略、順不同）

奄美六調は、九州の六調子が奄美へ伝来し、奄美風の六調になった。具体的には熊本の球磨の六調子、薩摩の薩摩六調子が奄美へ伝わり、急調子の奄美六調になった。伝承地は大島本島、喜界島、徳之島の奄美北三島。急調子の歯切れよい激情的リズムの奄美六調が、今度は九州へ逆流しハイヤ節に影響を与えたと伝えられている。

・天　草

奄美大島に伝承されている天草は、もちろん日本本土からの伝来歌。七七七五形の大和ことば。鹿児島の小原《おはら》節の系譜と見られている。この歌も六調同様、明治の初期前後から奄美でうたわれ出したようだ。急調子の六調に比べ、ゆったりとしたテンポで八重山六調とほぼ同じ。歌詞は奄美六調でも用いられている。奄美でも、北側の笠利町あたりの宴席で演唱されているぞめきの芸能。

天　草

〽道の天草　まき出す時や
可愛《かわ》い嫁女《よめじょ》が　袖しぼる

〽舟は出て行く　煙は残る
残る煙は　癪《しゃく》の種

〽ここの屋敷は　祝いの屋敷
黄金花咲く　良か屋敷

〽太鼓打ちやれ　三味線弾きなされ
様が太鼓なら　三味やいらぬ

〽十七、八頃　煙草の青葉
早く取らには　さしがつく

〽ここは重富《しげとみ》　越ゆれば吉野
吉野越ゆれば　鹿児の島

〽さしゅる盃　中見て上がれ
中は鶴亀　五葉の松

〽たこは骨なし　なまこは同し
会津殿様　城はなし

〽花は霧島　煙草は国分
燃えて上がるは　桜島

〽様は幾つか　二十二か三か
いつも変わらぬ　二十二か三か

（以下略、順不同）

・やんばる（別名、さーさ節）
奄美大島笠利町方面に伝わるぞめき曲。沖縄から伝来した歌曲のようであるが、沖縄のどの曲なのか特定は難しい。歌詞は恩納ナベ（生没年未詳、十八世紀ごろの伝説上の琉歌人）の琉歌や、那覇、糸満の地名、モーアシビ（野遊び）歌、伊計離り節の歌詞などがうたわれている。やんばる船（沖縄本島北部の俗称やんばる地方と、中・南部や奄美諸島とを往来した小型の交易帆船）の船乗りたちが伝えたという。参考までに歌詞（奄美の琉歌も混成）だけ記し、訳は略す。

やんばる

〽やんばるぬ習《ならい》や　あだね葉《ば》ぬ莚《むしろ》
敷かば寄《ゆ》りみしょれ　首里《しゅり》ぬしゅるめ

〽姉《あん》ぐゎ家《や》に待《ま》ちゅむぃ　かじまやに待ちゅむぃ
なればかじまやに　待つがよかろ

〽那覇女郎《ずぃり》ぬ目眉《むぃまよ》　わぬ惚らす目眉

出《い》じ船《ぶに》やなとてぃ　銭ぬねだな

〽山登《ぬぶ》てぃ香《か》ばしゃ　餅《むち》がしゃぬ香ばしゃイヤ節
里《さとぅ》降れてぃ香ばしゃ　色白女童《いるじるむぅうぶぇ》

〽山登てぃきょらさ　椿花きょらさ
里降れてぃきょらさ　わちぎ姉妹《をぅなり》

〽糸満舟《いちゅまんぶね》乗れば　亀ぬ肉《しし》もうけり
大和船押《う》すぃば　新茶もうけり

〽島一《てぃー》つあれば　道行きゃてぃ拝《うが》も
島別れあれば　思《おむぇ》たばかり

〽十七、八がれや　夜《ゆ》ぬ暮れど待ちゅり

何時《いつぃ》が夜ぬ暮れて　わ自由なりゅり
〽磯端《いしょばた》ぬ蘇鉄《すいていつぃ》　石抱しゅてぃほでり
寄《ゆ》てぃ来ゆ玉黄金　抱しゅてぃほでぞ
〽行きぃば行き離れ　戻ればぬひゃんざぐゎや
千里《しんり》かけ離れ　元ぬひゃんざ

（以下略、順不同）

九州のハイヤ節

熊本県牛深《うしぶか》市は、天草の最南端にある。牛深は天草随一の漁港。同地には一九八八年に「ハイヤ節発祥の地」という碑も建立されたという。ハイヤ節の発祥については、長崎県の「田助《たすけ》ハイヤ節」が起源だという説もある。いずれにせよ、ハイヤ節は佐賀県呼子《よぶこ》、長崎県田助、鹿児島県阿久根、熊本県牛深などが有名。この歌曲は、ある時期九州西海岸一帯の漁港で盛んにうたわれてきたようである。

牛深ハイヤ節

〽ハイヤエー　ハイヤ可愛いや　けさ出た船は
どこの港にサーマ　はいるやら　エー

（囃子詞）
牛深三度行きゃ三度裸　鍋釜売っても
酒盛りゃしてこい　戻りゃ本渡《ほんど》へ徒歩《かち》渡り
サァサ　ヨイヨイ

〽瀬戸や松島　つけずにすぐに
早く牛深に　入れてくれ

（囃子詞）
黒島沖からやって来た　新造は白帆か白鷺か
よくよく見たれば　わが夫《つま》さまだ
サァサ　ヨイヨイ

〽うまか酒をば　金比羅さまに
ひとつぁ身のため　わしがため

（囃子詞）
お前ばかりが倉持ちか　わたしも持っとる
持っとる豆ぐらば
サァサ　ヨイヨイ

〽とっちゃ投げ　とっちゃ投げ
三十四、五投げたよ　とがはない

（囃子詞）
権現山《ごんげんやま》からうしろ飛びゃするとも
お前さんにひまじょは　やいもせんば　そいもせん
サァサ　ヨイヨイ

〽田舎なれども　牛深町は
三味や太鼓で　船遊び

（囃子詞）
川端石だい　起こせば蟹《がね》だい
蟹の生焼けぁ食傷《しょくしょ》のもとだい
サァサ　ヨイヨイ

（以下略）

ハイヤ節の盛んな牛深は、囃子ことばにある「牛深三度行きゃ三度裸……」に見られる通り、牛深で遊べば三度行って三度とも丸裸になるというほどのところ。船乗り相手の女性たちが、からだを張って稼いでいた港町であったという。長崎県の「田助ハイヤ節のほうが牛深よりも素朴で、牛深のほうが節まわしに芸があり、囃子の鳴り物にも活気がある」（服部龍太郎著『日本の民謡』）ようだ。最近テレビで女子高校生たちによる「牛深ハイヤ節」の演舞を見たが、振りが大きく躍動感があって大衆を惹きつける芸の面白さがあった。

ハイヤ節の「ハイ」は、南島の奄美や沖縄の「ハイ」「ハエ」（南風）と関係あると伝えられている。帆船時代船乗りたちが各地の港町にもたらし、酒盛《さかもり》歌として遊女らがうたったという。

田助ハイヤ節（長崎）

〽ハイヤエー　ハイヤ可愛いや　けさ出た船は
エーどこの港に　着いたやら　エー

（囃子詞）
田助思いの船ならば　禿島《はげじま》沖から帆を下げて　伝馬《てんま》船おろして漕ぎこんで
四つ股碇《いかり》を投げこんで　四軒屋《しけんや》のともづけ偉いもんじゃ

〽親子乗りかよ　金ない船か
花の田助を　見て通る

（囃子詞）
田助女郎衆《じょろしゅ》はよい女郎衆　千里沖乗る船とめる

〽平戸田助は　またない里よ
三味の鳴る音　唄の声

（囃子詞）
太鼓打より三味線弾きよりも　中のお酌がわしゃ可愛い

〽田助捲《ま》き出しゃ　呼子で留める
呼子捲き出しゃ　関どまり

（囃子詞）
川端に九把ある稲が二把のこる　七把流れてよやさかさっさ

（以下略）

田助ハイヤ節は、長崎県平戸市田助あたりの酒盛歌。田助ハイヤ節は、ハイヤ節の有力な発祥地の一つに挙げられている。ハイヤ節は帆船時代船乗りたちによって全国に運ばれ、船乗り相手の女性たちによってうたわれてきた。田助では、熊本県の牛深ハイヤ、鹿児島県のハンヤ節も長崎県の田助ハイヤが伝播したものと見られている。熊本の牛深が発祥地として同地には碑も建ったようだが、それだけ各地で人気のあるぞめき曲として愛唱されていたのであろう。牛深と田助のいずれが発祥地かは、今後の研究課題である。

ハイヤ節の分布は広く、日本海を北上して京都の宮津アイヤエ節、新潟の佐渡おけさ、ハンヤ節、山形の庄内ハエヤ節、青森の津軽アイヤ節になり洗練されている。さらに、岩手の南部アイヤ節、宮城のアイヤ節、塩釜甚句になって変化定着したようだ。

打ち出しの囃子ことばは「ハイヤ」「ハンヤ」「ハエヤ」「アイヤ」などと変化し、それが曲名にもなっている。長崎県の田助港は、帆船時代の風待ち潮待ちの港町として娼家が軒を並べ華やいでいたという。

中国広島の三原ヤッサ節

三原ヤッサ節は、広島県三原市地方の盆踊歌。起源については判然としないが、十六世紀の末頃、阿波《あわ》（徳島）の土木人夫たちがうたい踊り派生したと伝えられている。音楽的には九州のハイヤ節系のようだ。踊りの姿から「酔いどれ踊り」とも呼ばれているぞめきの芸能の一つ。

この歌は九州のハイヤ節が日本海を北上して津軽海峡を出て、太平洋を南下して瀬戸内海に入って変化を遂げたという。三味線、笛、太鼓、四つ竹でにぎやかに踊り、「ヤッサヤッサ」の掛け声から曲名になったぞめきの芸能である。

三原ヤッサ節

〽見たかエー

（囃子詞）

ハヨイショヨイショ
見たか聞いたか　エ
三原の城は
ハァヨイヨイ　ヨンヤナヨンヤナ
地から生えたか　サマヨ
ハァヨイショヨイショ
浮き城か　ノー
ヤッサヤッサ　ヤッサヤッサ
ドントセー

ところで、ハイヤ節にもう一度戻ろう。奄美六調とハイヤ節の関連について、「町田佳声、竹内勉が『民謡源流考江差追分と佐渡おけさ＝ビクターレコード』で指摘するところによれば、奄美の六調は熊本県天草の牛深港＝牛深市牛深の『牛深六調子』が基になったものだが、リズムに関しては奄美六調のもつ激しく歯切れのよいリズムが逆に牛深へ渡って、向こうの二上り甚句と結合して『ハイヤ節』のもとをつくり出したという。つまり、のちに全国を風靡するようになる『ハイヤ節』の形成に南島の『六調』が一役買ったというのである」（日本民謡辞典）。

そのことを裏付けるように、四国徳島の桧瑛司氏は「牛深で、ハイヤ節のもとは奄美から来たと教えられた」と、生前私に語っていた。そのことは、ハイヤ節の起源を意味するのか、牛深に伝承されているハイヤ節に奄美の激情的六調のリズムが影響を及ぼしたということなのか、いま少しはっきりしないが、後者と理解している。

四国徳島の阿波踊り

全国のぞめきの芸能で、最も知られているのが華麗な阿波踊りである。阿波踊りの起源は、「天正十五年（一五八七）蜂須賀家政が阿波の国主として入城した折、それを祝って領民達が踊り始めたと伝えられているが、形からいえば、盆の精霊送りの行進の踊が基のようだ」(日本民謡辞典)。歌は「よしこの節」で、江戸時代後期各地でうたわれたはやり歌。京、大阪に出張した阿波の藍商人が持ち帰ったという。急調子の三下がりの三味線のリズムと、落ちついたよしこのが組み合わさって独特の雰囲気を醸すぞめきの芸能である。連《れん》と称す男女のグループが音楽に合わせ、町の中をにぎやかに練り歩いている。

阿波踊り(よしこの節)

(前囃子)
踊る阿呆に　見る阿呆
おなじ阿呆なら
踊らにゃ損
(新橋まで行かんか来い来い)

両手を上げ、なまめかしく情熱的に踊る四国徳島の阿波踊り

（本　唄）
阿波の殿様　蜂須賀公《はちすかこう》が
いまに残せし　盆踊

（後囃子）
アーエライヤッチャ　エライヤッチャ
ヨイヨイヨイヨイ

〽阿波はよいとこ　蜂須賀さまの
お威勢踊に　夜が明ける

（以下略）

阿波踊りは宴会のおひらきで踊られ、沖縄のカチャーシーや八重山六調、奄美六調の乱舞と

社会的機能が共通している。男踊りはエネルギーを爆発させる魅力があり、優雅な女踊りは頭から編笠をかぶり顔をかくす。腕には白い甲をつけ、両手を高くあげ、足を蹴りあげるように拍子をとって踊る。肌を人目にさらさない踊り衣裳からは色気が漂い、ぞめきの美学が感じられる。

阿波踊りは、本来死者の霊を村境まで送る精霊踊りが起源。「ヒトツノ、フタツノ」の二拍のリズムを刻む、日本のぞめきの花である。近代の阿波踊りは、昭和三年（一九二八）にかつての盆踊りを観光踊りに変え、今日では徳島の観光資源となり、大胆なショーアップによる桟敷でのイベントは全国的に知られている。阿波踊りは常に変化を繰り返しながら発展し、その奥には日本の民俗芸能の古い型が保持されているように思う。

第２章

カチャーシーの源流

信仰と芸能の生成

以上琉球列島、日本列島に分布するぞめきの芸能を概観したが、次に沖縄のぞめきの〝王様〟カチャーシーに移ろう。

沖縄はよく古代と現代が共存していると言われている。ここで言う古代は、古い時代のこと。沖縄はしまうた（民謡）、古典音楽、沖縄歌謡、ポップス、ロックなど実に多彩な音楽文化を湛えている。また、季節の折目にはウムイやクェーナ、ティルクグチのような古謡も神秘の扉を開ける。

舞踊の世界では、琉球王国時代に創作された古典舞踊や、廃藩置県後創作された雑踊りなど、創作舞踊もどんどん生まれている中、臼太鼓やウムイ、クェーナなどの祭式舞踊にも接することが出来る。

沖縄・奄美の人たちは、ニライカナイの楽土から神を招き、豊穣や村落の繁栄を祈願する祭りを行っている。沖縄本島では普通祝女《のろ》が中心になって神祭りを司どるが、石垣島の川平《かびら》ではマユンガナシという異装の来訪神が節《しち》（昔の正月）にやって来て各戸巡礼し、まじないことばや呪術をさずけ予祝する。

モーアシビを再現し、楽しそうにさんざめく具志頭のおばぁたち
（琉球弧しまうた祭典）

沖縄の各村落は遊び庭《あしなー》という空間がある。そこは本来神遊びをするところであり、シヌグ・ウンジャミの祭りでシヌグモーイ（舞い）、即ち臼太鼓の神事舞踊を奉納する聖なる場所である。古い時代の「遊び」とは、単なる娯楽のことではなく、神遊びのこと。祭りの場で神（扮した者）が民衆の魂に力をさずけ、穀霊、豊作物の生産をうながす呪術を行う場であった。これらの場でいとなまれるまじないことばや呪術が、やがて歌や踊りに発展するのはきわめて自然であろう。

沖縄の芸能は、沖縄の民族と共に入って来たと考えられる古風のものや、自然発生的なもの。中世に日本本土の念仏踊を中心とした風流踊系。さらに、十八世紀初頭以降の玉城朝薫《たまぐすくちょうくん》前後から琉球王国で創作された宮廷舞踊の系譜がある。

沖縄独自の自然発生的芸能の中にサーサーモーイ、モーヤー、うんながーい（綱引歌）、かしきー歌（強飯の折目、豊年感謝と予祝の歌）、あっちゃめー（歩き舞い）など、南島の原初的所作の踊りがある。これらの型らしい型のない演舞は、年中海に向かって暮らしてきた海洋民の暮らしともかかわっているようだ。

沖縄の遊びの風俗にモーアシビがある。モーとは野原のこと。浜辺も含む。かつて、娯楽の少ない時代沖縄の先人たちは、夜間野原や浜辺に出て年頃の男女が遊ぶ風習があった。モーアシビは参加した若者らが手拍子や三線に合わせ、しまうた（民謡）を掛け合い、興に乗るとモーヤー（自然舞い）を繰り広げた。そのときの早弾きの演奏をモー弾ちぐゎとか、草弾ちと呼んだ。

もちろん、自由舞いのモーヤーには創作舞踊のような型はない。なぜなら、モーヤーは即興性の自由奔放な乱舞であるからだ。サーサーモーイ、モーヤー、綱引歌系の乱舞から今日のカチャーシーは発展したぞめきの芸能なのである。

こねりの文化と波揺れの動き

沖縄の祭りに見られる神女の手（振り）や民族舞踊には、こねり手が入っている。古典舞踊や雑踊りは、祭式舞踊の所作を生かしている。

こねりとは、古くは舞踊と同義語に使われて、『琉球国由来記』（首里王府が編さんした地誌。一七一三年刊）の粟国島の「ヤカン祭」で「ヤカン祭、コネリト云、規式也」と記されている。

こねり手とは手の屈折を意味し、手首をこねること。本田安次氏は共著の『日本舞踊体系・沖縄舞踊』（邦楽と舞踊社）で「最初のおもろ主取りであった安仁屋から聞いて書留めておかれたメモによると、その中に『こねり』の説明があり、『舞踊のことなり、おすで、こねりで、おがみでの三つあり』と誌されていたという（伊波普猷「古琉球の歌謡に就きて」）。伊波の説明では、おすでは手の甲を上にしておし出す手、おがみでは掌を上にしておし上げる手、こねりではおがみ手をこね返して更におすでのように押し出す手で、この三つが琉球の祭式舞踊の基本的のものであるという」と紹介している。

沖縄の各地に分布する女性集団による臼太鼓《うしでーく》には、おす手、おがみで、こねりでが見られる。また祓い手や合掌（両手の手のひらを合わせ、拝むこと）も多い。古典舞踊や雑踊りは、これらの祭式舞踊の手が基礎になっている。

純粋な意味でのこねり手文化圏の北限は、奄美の喜界島と見られ、奄美諸島は沖縄同様祝女文化の圏内にある。ところが、こねり手は日本本土にもあるという。本田安次氏は第三十一回全国青年大会（一九八二）に出場した岡山県井原市井原青年団による「鳥羽踊」にも沖縄とまったく同じこねり手がある、と『文学』52号（岩波書店、一九八四年刊）で紹介している。こねり手崩しの類なら日本本土にたくさんあるようだ。

こねり手は東洋の各地、とり分け東南アジア方面から琉球列島、日本列島に濃淡はあれ広く分布している古式の手。わが国で最もその所作が芸能に生きている地が沖縄である。

沖縄の人たちは、嬉しいときすぐカチャーシーを踊る。集団で演じると乱舞になる。手は目の位置の前方やや上で、手首をこねるように一回転させ、サッササッサとか、チェッチェッチェッチエッチェという掛け声に合わせ、身体は揺れるように少しずつ移動しながら踊る。

「沖縄のリズムは基本的にはアジア、日本全体に共通する二拍子か四拍子のリズムである（中略）。小島美子氏は『音楽から見た日本人』（ＮＨＫ人間大学テキスト、一九九四年）の中で、『リズム感は民族によって、また地域によって性格が非常に違うのだが、その性格を決定づけているのは、その人々が歴史的に長い間、どんな暮らしをしてきたのかということである』とし、日本本土の水田稲作農耕民の静かなリズム感、山村畑作民のダイナミックなリズム感、狩猟民のビートのあるリズム感、牧畜民の予備的弾みを持った強拍弱拍のリズム、そして沖縄の海洋漁労民のスイングするリズム感などについて言及している。沖縄のリズムには一拍ごとに上下する波に乗るようなリズムで、小島氏は早い時期から『波のリズム』『海洋民のリズム』と呼んで指摘してきた」（仲宗根幸市著「『しまうた』流れ」用語解説・沖縄のリズム＝比嘉悦子）。

たしかに沖縄の人たちがカチャーシーを踊ると、あたかも波に揺れているような、サバニに乗って上下に揺れているようである。民族の暮らしと身体の動作は深い関係があると説く、小島美子氏の説はまさに達観といえよう。

一方、日本本土の人がカチャーシーを踊ると、どこかぎこちない。二十年前、首里のある小料理屋で阿波踊りの男女の名人二人と引率の研究者、沖縄のわが仲間が集いを持ったことがある。交流会は盛り上がり互いにカチャーシーと阿波踊りを披露し合った。阿波踊りは手首を目の前方上で振り、「ヒトツノ、フタツノ」という二拍のリズムに合わせ、足を踏み替えながら美しくさんざめいていた。

急調子のリズムに合わせ、こねり手やスイング感のある沖縄のカチャーシーの自由奔放な踊りとは明らかに違いがあった。だが、ぞめきの芸能の性格はたいへん共通している。続いて、阿波踊りの名人たちに沖縄のカチャーシー曲で踊ってもらった。実に美しい。だが、やはり手の振りの違いと下半身が重たいのである。

そのことは、何百年何千年と海を見ながら暮らしてきた海洋民的人たちと、大地にしっかり根を下ろした植物が風になびくような動きの稲作農耕民族の所作との違いかも知れない。しかし、黒潮の帯の周辺で花咲く本土のぞめきの所作も、古くは南島の所作（こねり手、スイング感）に近かったのではないだろうか。それが生活文化の違いにより、変化や退化が生じたのであろう。奄美六調は、沖縄のカチャーシーに酷似している。ハイヤ節系も、かつて南島のぞめきと一脈通じていたことが考えられる。

祭りとサーサーモーイ

祭りとは祖霊を招き、なごましめること。「祭りの根本は、神と人と自然の生命力を更新すること」（『まつり通信』489号、平成十三年十一月号、田中義広氏の講演要旨から）である。

祭式舞踊の臼太鼓はウシデーク、ウスデーク、ウシンレーク、ウシンデーク、シヌグ、

シヌグ祭りのフィナーレに登場する、乱舞のサーサーモーイ

シニグ、シニグイ、シニグモーイなどと呼ばれている。シヌグやシニグ、シニグモーイなどが最も古い呼称。

普通旧盆前後の亥の日に行われるシヌグ・ウンジャミ祭りの夕方に演じられる民俗芸能である。中には旧暦八月十五夜に行う地もあるようだ。

臼太鼓は各村落の女性集団が神アサギの広場で豊年祈願と感謝の奉納をする祭式舞踊。演舞はニートゥイ（音頭取り）の鼓と歌に合わせ、拝み手、押し手、こねり手、祓い手などの所作が随所に見られる。曲は全体的にゆるやかで荘重。

およそ一時間ばかり演じたあと、参加者一同円の中心に向く。次に音頭取りが鼓を乱打すると神アサギ広場は騒然となる。

続いて急調子の鼓歌のリズムに合わせ、最初に祝女が踊り、女性集団が飛び出す。サッサッサッサとか、チェッチェッチェッチェッチェと囃し立てながら手をこねり、揺れるように乱舞する。聖なる祭りを無事成就した喜びがどの顔にも表れ、興奮状態にある。

この祭式舞踊臼太鼓のフィナーレを飾る乱舞を、サーサーモーイと称している。「サーサー」とは、方言の「肝《ちむ》サーサー」（こころがさわぐ）と同義。感情の余勢から生まれる、さんざめくような状態を言う。この祭式舞踊のフィナーレのぞめきがカチャーシーの原型であり、乱舞の原型なのである。

南島の基層文化であるシヌグ祭りで演じられるシヌグモーイ（臼太鼓）は、三線音楽以前の古歌謡。南島歌謡の歴史でも古い。サーサーモーイは、民族舞踊としてたいへん古俗を伝えている。

沖縄を代表するぞめきの芸能カチャーシーの原型は、ハレの祭りの中にあった。明治生まれの女性なら、サーサーモーイやモーヤー（自由舞い）を経験した者は多いことだろう。カチャーシーは新しい時代になってつくられた芸能用語。サーサーモーイは、興奮のるつぼと化す祭式舞踊の即興性の乱舞が起源である。

第３章

乱舞の帯

黒潮の流れとめぐみ

幼年期、沖縄本島北部本部町の備瀬に住んだことがある。備瀬は碁盤状の集落で、フク木に囲まれていることで広く知られている。私が住んでいた家は海辺に近く、西方海上にはクバ笠状の伊江島が映え、ロマン溢れる光景である。私はいつも沖を航行する船を見ながら「あの船はどこへ行くのだろう」「あの海はどこまでも続いているのだろう」と、子どもながら考えていた。

浜辺には丸木や椰子の実、ガラスの浮、軽石、貝殻、空き瓶などが打ち寄せられていた。これらの漂着物を方言でユイムン（寄り物）と称している。小学校一年のとき、機雷まで漂着し村人の多くが避難して米軍によって爆破したことがあった。沖縄戦終結四年後のこと。

神の贈り物と呼ばれ、海の幸ユイムンのスク（シクともいう。アイゴの稚魚）が旧暦五、六月の大潮にリーフを越えて押し寄せてくる。円弧を描くリーフ内のイノー（礁湖）は、宝の海である。小さいころ、黒潮の海に生きる島人のたくましさや、優しさを海辺の村で見て育った。

備瀬村ではリーフの外海をパーと言い、その深い海をクルス（海流の黒潮とは別の黒い海の意）と呼んでいた。あざやかな濃い青色のクルスは、リーフ内の静かな七色の海と異なり、どこか遠いところと繋がっているように思えたが、沖を流れる群青色のクルスや琉球列島に広がる大海を黒潮が流れていることは、まったく知る由もなかった。海を生活の場にしている漁師たちでも、初夏になるとカツオの群れが遠い南方からやって来るのは知っていても、遊泳魚を運んで来る大きな暖かい海流が黒潮であることを知るようになったのは、そんなに古いことではないだろう。

黒潮文化と乱舞

一九二四年（大正十三）十月三十一日、八重山の鳩間島付近の海底火山が爆発し、多量の軽石が噴出したという。その軽石が北へ流れ、五カ月後に大隅海峡、六カ月後に紀伊半島、八カ月後に房総半島、一年後に北海道の根室付近にも漂着した観測記録が報告されている。黒潮の流れを知る貴重な資料である。

黒潮の源流は、フィリピンのルソン島東方海上の強流だと推察されている。この黒潮は暖流で、ルソン島東方沖から北上し、バシー海峡を経て、台湾東の岸沿いに進み、沖縄・奄美の島々を北上する。この海流は、奄美大島の北西で一方は対馬海峡へ分岐。もう一方はトカラ列島・大隅諸島を横切り九州、四国、本州の東岸を幅広い濃藍色の帯となって北上しているようだ。さらに、その流れは北アメリカの西岸を南下し、還流するという。いわゆる、太平洋を時計の針廻りでぐるぐる廻っていることになる。専門家の説くところによれば、この巨大な海流は地球の自転と関係あるという。自然のいとなみは、ほんとうに不思議である。

黒潮の海流が北上する黒潮の帯に、わが琉球列島、日本列島が連なっている。黒潮の流れる列島弧には、豊かな黒潮文化が花咲いているから面白い。その黒潮の帯にガーリや八重山六調、サーサーモーイ、モーヤー、カチャーシー、奄美六調、天草、牛深ハイヤ節、田助ハイヤ節、三原ヤッサ節、阿波踊りなど、ぞめきの芸能が息づいている。

沖縄のカチャーシー曲と奄美や八重山の六調は、歌の系譜上まったく関係ない。しかし、踊りの所作や芸能の性格、社会的機能は酷似している。したがって、これらの芸能はぞめきの芸能という点では深い関係が考えられる。

また、日本本土のハイヤ節と奄美六調は互いに影響を及ぼしながら発展して来たことが、先学者の調査研究で裏付けられている。演舞の所作の違いは、かつて同系のものが琉球文化と大和文化、即ち海洋民的身体表現と農耕民的身体表現の差が芸能に反映し、こねり手やスイング感の差として表れているのだ。

黒潮列島に花咲くぞめきの芸能は、いずこの地も酒席のフィナーレに登場し、全員参加が原則。そこには見せる人（演舞者）、見る人の関係はない。創作舞踊のような型にとらわれる必要はないから、だれでも踊りに加われるのだ。この自由奔放な乱舞は、山村には見られない。海と向き合っている地に圧倒的に多いのだ。やはり、乱舞のエネルギーの源泉は、黒潮のさんざめきが大きな影響を及ぼしているのではないだろうか。日本本土のぞめきの芸能も、地域差こそあれスイング感が見られる。ただ、沖縄のぞめきの芸能と異なるのは、本土の場合一定の型があることだ。その型を踏襲しながらぞめいているといえよう。反対に、沖縄のぞめきの芸能には型はない。しかし、演舞の基本要領はちゃんとある。

第４章

カチャーシーとは何か

サーサーモーイからカチャーシーへ

沖縄のぞめきの〝王様〟カチャーシーのことを、かつて何と称していたのであろうか。その疑問にぶつかってずい分長くなる。なぜなら田舎育ちの私は、一九五〇年代までカチャーシーということばを耳にしたことがなかったからである。やんばる（沖縄本島北部の俗称）の古老にモーアシビに登場するぞめき曲について尋ねると「モー弾ちぐゎ」とか「草弾ち」、「屋我地弾ちぐゎ」と答える。これらの名称は、急調子の演奏を表す。即興性の乱舞は「モーヤー」（自由舞い）と呼んでいる。

また、急調子の三線歌では「あっちゃめー」（あっちゃめーぐゎ）、「やんばる汀間とぅ」「今帰仁《なちじん》汀間とぅ」「本部《むとぅぶ》汀間とぅ」などが座興歌、ぞめき曲として愛唱されている。中南部では「唐船どーい」「あっちゃめぐゎ」「多幸山」「ハリクヤマク」「嘉手久《かでぃくー》」「天川《あまかー》」「東方《あがりかた》サーヨー」「舞方」「ハンタ原」などが遊び歌の中心をなしていたようだ。

モーアシビを経験した北部の古老たちは、ぞめきの芸能のことをカチャーシーとは呼んでいない。また、沖縄の北部と深い交流のあった沖永良部島の古老も「自分たちが若いころカチャーシーという呼びかたはなかった。モーヤーと呼んでいた」と述べている。

ところで、娯楽を目的にしたモーアシビに登場するぞめきの名称より、もっと古い呼称が神事舞踊臼太鼓の終幕に登場するサーサーモーイである。サーサーモーイについては、「祭りとサーサーモーイ」の項で触れたように、チムサーサー（こころがさわぐ）するようなモーイ（即興性の型にとらわれない乱舞）のこと。こころが掻き乱されるような熱狂的踊りのことなのである。

サーサーモーイは急調子のリズムに乗せて波に揺れるように乱舞する。音楽は鼓を乱打し、手拍子も入れる。祭式舞踊の臼太鼓には一切三線音楽は入らない。ここでの演舞は、神事の一環としての乱舞。沖縄のぞめきの芸能は神事で生まれ、やがて娯楽が目的のモーアシビで変化発展した。

さらに三線の普及によって規模も大きくなり、万人をもふるい立たす陽気で軽快な踊りにふくれ上がったのである。沖縄に生まれ育った人なら、だれでもすぐこねり手や波に揺れる動作が出来るから面白い。

海を生活の糧にしてきたポリネシアやメラネシアの海洋文化を背景にした諸民族の中には、揺れる動き、いわゆるスイング感がある。沖縄のサーサーモーイには、海洋民族の身体の動きが脈うっている。

これらの身体表現を見ると、現代人の動作や芸能はある日突然生まれるのではない。何百年、何千年という長い歴史的経験の蓄積によって知らず知らずの間に形成されたものである。
以上のことから、サーサーモーイの発展した現代的呼称がカチャーシーなのだ。サーサーモーイ、モーヤー、かしきー、綱引歌、カチャーシーは、即興性の乱舞。所作の基本は同じ。カチャーシーは、カチャーシー曲（しまうた）という三線音楽があるだけなのだ。

それではカチャーシーと称す芸能用語は、いつごろ造られたのであろうか。この件については、数多く聞き取り調査を続けているが曖昧模糊の状態である。「今次大戦後使われたのではないか」「演劇人が戦後使い出し、ラジオやテレビの普及によって一気に広まったのではないか」「カチャーシーは有名なので、昔からあることば（芸能用語）のように多くの人は錯覚しているが、実際は戦後であることはまちがいないだろう」との声がある。したがって、現在のところ造語発生の正確な年代は分からない。一九五〇年代であることは推測出来るが…。

それでは、文献上はどうだろうか。カチャーシーについて、その歴史を究明すべく史料を探し回ることにした。

ところが、不思議なことにカチャーシーという芸能用語にはまったく出合わないのだ。種々の史料に登場していないということは、カチャーシーと称す芸能用語が意外にも新しいことを示唆している。カチャーシーという用語は、都会で造られ県下に広まったようである。

私のこれまでの追跡調査からすると、カチャーシーの用語はせいぜい半世紀くらいしかない。だが、これほど普及した例も珍しい。その理由は、カチャーシーが南島の人たちの原初的身体表現と魂の叫び、歓喜の最高表現だからこそ、万人に受容されたのであろう。そして、ウチナーンチュの生活の向上、芸能文化の隆盛、マスメディアの威力によって…。

カチャーシーとチャンプルー

それでは、カチャーシーやチャンプルーとは何だろうか。カチャーシーとは「カチャースン」（動詞）の名詞形。「カチャー」はマレー、インドネシア語のCａｃｕｃｕ「掻きまぜる」「紛糾した」の意。同義語に「チャンプルー」がある。

チャンプルーは、ごちゃまぜの状態を表し、その語源は中国やインドネシアが起こりのようだ。料理のチャンプルーのもとは、豆腐と野菜などの油炒めのこと。中国では豆腐の入った炒めものの野菜料理。沖縄では「豆腐を手で大きくちぎり、表面にこげ色がつくまで炒めてから野菜を入れ、塩で味をととのえる」（沖縄タイムス社『沖縄大百科事典』）というもの。沖縄の食文化はどんどん変化発展して、今日では豆腐だけではなく、ゴーヤー（苦瓜）や麩もメーンになっている。だから、料理のチャンプルーはどの具がメーンになるかによって、その名を付け「〇〇チャンプルー」と称すようになっている。

笑築過激団座長で、沖縄市民小劇場あしびなーの館長、玉城満氏のチャンプルー論は次の通りである。「チャンプルーというのは面白いもので、ゴーヤーチャンプルーに例えると、ゴーヤーだけ食べると苦い。この苦さをどうすれば調和のとれたものにするかということで、豆腐とかいろんな具を交ぜると非常に食べやすくなるでしょう。沖縄のチャンプルーというのは、食えないやつをどうやって食えるようにするか、こいつをどうやって生かしてやるか、迎え入れる優しさの文化なんです」（二〇〇一年十月三十日付沖縄タイムス「海学校・山学校」）と、ユニークな見解を展開している。

異質なものをまぜ合わす状態を、もっと解析するなら、次のようにまとめることが出来る。一般にカチャーシーもチャンプルーも「掻きまぜる」という点ではほぼ同じ。しかし、カチャーシーは構成要素が渾然一体となった状態のこと。何が何なのか、どれがどれだか分からない状態をいう。いわゆる、感興の渦に包まれた熱い状態のこと。チャンプルーは要素がまじっていても、なお構成要素の識別は十分可能である。だから「チャンプルーは混合状態で、カチャーシーは化合状態」（一泉知永氏）にあると言ってよい。感情の高揚によって展開されるカチャーシーは、乱舞になるとだれがだれだか分からない化合状態になり、興奮の渦となって溶け合う。チャンプルーはそうではない。料理を例にすれば、豆腐や苦瓜、麩をメーンにした炒めものをつくる場合、ほかの野菜やポークを入れてもそれぞれの具の識別は可能。その場合の料理は混合状態にある。

そんなことから、カチャーシーとチャンプルーは共通性も多いが違いもあるのだ。混合とか複合状態の沖縄の文化をよく「チャンプルー文化」という。そのことは、さまざまな要素が混合していながらそこに独特の個性が生きているからである。

いろいろのあっちゃめー

芸能用語のカチャーシーは、意外にも新しいのではと「サーサーモーイからカチャーシーへ」の項で提起した。しかし、しまうたや乱舞の「あっちゃめー」（あっちゃめーぐわ）は古くからあったという。沖縄本島北部のモーアシビや宴席で、最も人気のあったぞめき曲だったのである。

明治生まれの古老たちは「あっちゃめーもーれ」（あっちゃめー曲で舞いなさい）とか、

「あっちゃめーもーらな」（あっちゃめーで舞いましょう）と宴席でよく言っていた。ぞめきのあっちゃめーの三線が鳴り出すと、参加者は個人個人のあっちゃめーを披露する。

あっちゃめーとは歩き舞いのこと。ひところまで、あっちゃめーは「チャメチャメチャメ」という感嘆のことばから生まれたとの主張もあったが、今日では少数説になっている。

一九七五年、私は沖永良部島訪問で貴重な教えを受けた。和泊町字国頭出身の練達の歌い手、中屋利常氏（故人）から「イラブ（沖永良部）のあんちゃめや沖縄のあっちゃめーは、歩き舞いのことだと伝えられている」と。あっちゃめーは、足をたくみに移動しながら踊りさわぐ乱舞のこと。今帰仁の郷土史研究家糸数昌徳氏（故人）も、同様の証言をしている。さらに芸能研究家の仲井真元楷氏（故人）から、ラジオ沖縄が二中前にあったころ、同様の内容を詳しく聞くことが出来た。そして、舞いかたまで見せてくれたのである。たしかに、巷で演じられている一般のカチャーシーと、あっちゃめーには足使いに大きな違いがあった。近年、そのような歩き舞いのあっちゃめーに遭ったことがないのは、なんとも淋しい限りである。

一九八〇年、今帰仁村湧川の宴席で、あっちゃめーを見る機会があった。早弾きのあっちゃめーの三線が鳴り出すと、参加者は一人ひとり飛び出し、独自のスタイルで歩き

た。なるほど、あっちゃめーは上半身より下半身に目が行く。足がリズミ

いたからだ。足の進行は直線やくの字型、曲線を描くなど変化に富んでぃ

、ひょうきんなポーズもまじえながら踊るので、座は一気に盛り上がる。

島中部の津堅島は、あっちゃめーの盛んな地であった。「○○のおじいのあっち

は、酒座のまん中や左、右自由自在に動き回り面白かった」とか、「○○のおじい

使いがみごとで人気があった」「○○のおじいは、ガマク（腰）をぐっと落とし、

上下運動、進みかたがきれいだった」と、津堅島出身の歌い手から聞いた。ここで

っちゃめーの神髄は足使いにあることが強調されている。乱舞のあっちゃめーは、

のだ。

別名、あっちゃめーぐゎ）

肴《さきざかな》まんでぃ

遊び欲《ぶ》さぬ

ンヌナーヒャ

補充注文カード

貴店名

書名 カチャーシーどーい ―黒潮文化と乱舞の帯―

編著 仲宗根幸市

発売元 ボーダーインク 098-835-2777

ISBN4-89982-034-8 C0073 ¥1200E

定価（1200円+税）

…ートゥナー　ウリ

（あっちゃめーぐゎー…

私もここで…

…と舞って見せましょう）

…あるが、

…美らさ　踊《をぅどぅ》らちん美らさ

…り産《な》ちぇる親や　神がやたら

（遊ばせても踊らせても美しい。

貴…

著　編　仲宗根 幸市

書名　カチャーシーどーい
—黒潮文化と乱舞の帯—

ISBN4-89982-034-8 C0073 ¥1200E

発売元　ボーダーイン…
098-835-2777

定価
（120…

舞いをしていた。なるほど、あっちゃめーは上半身より下半身に目が行く。足がリズミカルに踊っていたからだ。足の進行は直線やくの字型、曲線を描くなど変化に富んでいる。しかも、ひょうきんなポーズもまじえながら踊るので、座は一気に盛り上がる。

沖縄本島中部の津堅島は、あっちゃめーの盛んな地であった。「〇〇のおじいのあっちゃめーは、酒座のまん中や左、右自由自在に動き回り面白かった」とか、「〇〇のおじいは、足使いがみごとで人気があった」「〇〇のおじいは、ガマク（腰）をぐっと落とし、足の上下運動、進みかたがきれいだった」と、津堅島出身の歌い手から聞いた。ここでも、あっちゃめーの神髄は足使いにあることが強調されている。乱舞のあっちゃめーは、足の舞いなのだ。

あっちゃめー（別名、あっちゃめーぐゎ）

〽あっちゃめぐゎ　くまや酒肴《さきさかな》まんでぃ
わぬんくまうとてぃ　遊《あし》び欲《ぶ》さぬ
アッチャメグヮ　フンヌナーヒャ

イャートゥナー　ウリ

（あっちゃめーぐゎー、この座は酒肴がたくさんあり、
私もここで存分に遊びたい）

〽けぇ舞《もう》り舞りさんてま　わが舞らねうちゅみ
さらばとぅん立ちゃい　けぇ舞てぃ見しら

（さっと出て舞いなさいとうながされたのであるが、
私が舞わずにおれましょうか。
さあ、飛び立ってちゃんと舞って見せましょう）

〽遊ばちん美《ちゅ》らさ　踊《をぅどぅ》らちん美らさ
うり産《な》ちぇる親や　神がやたら

（遊ばせても踊らせても美しい。

彼女を産んだ親は、神であったのでしょうか）

（以下略）

モーアシビや娯楽が目的の歌は、共通歌詞を選びながら歌遊びは繰り広げられる。沖永良部島には「あんちゃめぐゎ」という座興歌がある。

あんちゃめぐゎ（沖永良部島）

〽サーヨーなまぬあんちゃめぐゎ
わぬし始《ふあじゅ》みらば　ヨー
あとぅぬ声戻《ふいむどぅ》し
汝《な》たししより
アンチャメグヮナタシシヨリ

（いまうたうあんちゃめぐゎは私がうたいますので、
返歌は皆さんでなさってください）

〽サーヨーうりが声戻し　わが知らんでぃしりやヨー
わが声ぬなだな　サーあびがならむ
アンチャメグヮアビガナラン

（その返しを私がしようとすれば、
声不足でちゃんと大きくうたうことは出来ません）

（以下略）

カチャーシー曲あれこれ

カチャーシーには、「カチャーシー」というしまうたはない。日本本土のぞめきは一曲一民謡だが、沖縄のカチャーシーは早弾きの十数曲で成り立っている。唐船《とうしん》どーい、多幸山、あっちゃめー、嘉手久、ハリクヤマク、舞方、天川、やんばる汀間とぅ、今帰仁汀間とぅ、本部汀間とぅ、東方サーヨー、ハンタ原などがそうである。

現在カチャーシーの〝王様〟的存在の唐船どーいは、古くは「畦越い《あぶしぐ》」とか「漢那節」とも呼ばれていたという。今日では唐船どーい（古くは、唐船どー）の呼称が一般的になっている。同系の歌には、八重山竹富島の「ジッチュウ」、沖永良部島の「畦越い」、奄美大島瀬戸内町油井の「畦越ろ」など。また、渡名喜島の「かしきーぬ歌」（かしきー折目のぞめき曲）や、伊是名島の「うんながーいぬ歌」（綱引歌）も、同系である。宮古島にも同系の歌があるとの情報があるが、まだ確認していない。前述した歌群は、そのおおかたが稲作農耕の豊年感謝や予祝と関係あり、祈りから生まれた歌舞なのである。

古老によると、「昔の唐船どーいの調子は、いまよりもっとゆるやかであった」という。三線の普及により、歌遊びで早弾きを競うようになって段々急調子になったようだ。沖永良部島や奄美大島の同系の歌は、比較的ゆるやかである。特に奄美大島瀬戸内町油井の畦越ろは、ゆったりとしたテンポ。そのことは民俗周圏論からも興味をそそる。いわゆる、文化の中心地から周辺部に古い要素が残るということを教えているからだ。

そんなことから、唐船どーいは昔から急調子ではなく、もっとゆるやかなテンポだったのである。後世那覇で洗練化され、命名された唐船どーいは、ぞめき曲の代表格になった。はずむような三線のリズムは万人を魅了し、エイサー曲の中でも不動の人気を誇っている。三線は本調子で演奏。

唐船どーい

〽唐船どーいさんてぇーまん
一散走《いっさんはー》えーならんしゃ　ユーイヤナ
若狭町村ぬ
瀬名波ぬたんめー
ハイヤセンスル　ユイヤナ
（唐船が寄港したぞーと言っても、駆け出して行かない人は、
若狭町村の瀬名波のおじいさんぐらいだ）

〽うとぅに鳴響《とぅゆ》まりる　大村御殿《うふむらうどぅん》ぬ栴檀木《しんだんぎ》

那覇《なふぁ》に鳴響まりる　久茂地《くむじ》ぬ這《ほー》い榕樹木《がじまるぎ》

(世間に名高いのは、大村御殿の梅檀木である。
那覇で有名なのは、久茂地村に根を這ったガジマルである)

〽畦越ぬ水や　うやぎりば止まる
わが二十歳頃や　止みやなゆみ

(田の畦を越える水は、土を盛り上げれば止めることが出来る。
しかし、われわれ二十歳ごろの若者が、
異性を求める気持ちは止めることが出来ないのだ)

〽かんし遊ぶしん　今月《くんちち》とぅ二月《たちち》
うりからぬ後や　いちゃがさびら

（このように遊ぶのも、今月を含めあと二カ月だ。
これからのあとは、どのようにして過ごしたらいいのでしょうか）

〽くんなげや無蔵《んぞ》に　打ち振らり振らり
なまからぬ後や　わがどぅ振ゆる

（これまでは彼女に振られぱなしであったが、
これからは自分が振る番だ）

〽わったてぃらむんぬ　歌ぬ負きらりみ
はまてぃ弾ちみそり　乗してぃさびら

（私ごときが歌掛けで負けてなるものでしょうか。
一生懸命弾いてください。私が歌に乗せてあげますから）

〽遊びかいやしが　手巾《てぃさじ》まに置《う》ちぇが

中前入口に　下ぎてぃ置ちぇさ
(これから遊びに行くのだが、俺の手ぬぐいどこに置いたの。
家の中前入口にかけてあるよ)

〽別りてぃや行ちゅい　何《ぬ》う情さびが
歌に声かきてぃ　うりどぅ情
(これから別れ行くのですが、
私の情をどのように差し上げたらいいのでしょうか。
歌をうたって頂ければ、これが立派な情です)
※奄美の葬送歌でも、この種の歌詞が登場する。

〽臼太鼓ぬ花や　たが出《ん》じてぃ咲ちゅる
わした女童《みやらび》ぬ　出じてぃ咲ちゅさ

（臼太鼓の花はだれが出て咲くのでしょうか。
私たち娘たちが美しく踊り咲くのさ）

（以下略、順不同）

多幸山

〽多幸山ぬ山猪《やましし》　驚くな山猪
喜名ぬ高波平《たかはんじゃ》　サヨ　山田戻い

（囃子詞）
いった山田やぬさる山田が、わにん山田や行じんちゃせ

（多幸山の山賊よ、驚くでないぞ。俺は喜名の高波平である。
山田村からいま戻るところだ）

〽若さ一時《ひとぅとぅち》ぬ　通い路《じ》ぬ空や
闇ぬ迫坂《さくふぃら》ん　車とう原

（囃子詞）
上道《ういみち》くんちち下道《しちゃみち》通りば、かなし里前《さとぅめ》とぅ行逢《いちゃ》ゆらど
（若いころ、いとしい人に会いに行くときは、
闇夜のけわしい谷や急坂でも平坦な道と同じである）

〽若さ頼《た》るがきてぃ　何時《いち》ん花とぅむな
思《う》みゆらん風ぬ　吹かばちゃすが

（囃子詞）
でぃちゃたいウマニ、唐竹《からたき》かい、里が衣裳《いそ》下ぎ竿切《そうち》いが

(若いのをあてにして気をゆるめ、
いつもうまく行くと思ってはいけませんぞ。
もし、突然風が吹いてきたらどうするの)

(以下略、順不同)

早弾きの多幸山は、古くは「早作田《はいちくてん》ぐゎ」との別名があり、早作田節が早弾きのぞめき曲になったもの。早作田節は、本来祈りから生まれ、変化したと伝えられている。歌詞は伝承者によって一部異なる。

東方《あがりかた》サーヨー

〽サヨサー東方でむぬ
歌ぬ負きらりみ　ヨイ
弾ちみそり里前　ヨイシサミ

わ歌乗しら　サーヨ
汝《いゃー》やまーぬが　まくぐゎ二才《にーせー》ぐゎ

（はねーちゃー＝にぎやかな＝の「東方」ですもの、
歌は負けられません。
どうぞ三線を弾いてくださいあなた。
私が歌を乗せましょう。
お前はどこの度胸のある若者かい）

〽サヨサー打ち出じゃせあばぐゎ
中やわがとぅいさ　ヨイ
歌ぬ止め口や　ヨイシサミ
皆がたまし　サーヨー
遊ばしやゆむ知らん

（打ち出しなさい娘さん。歌の中は私が引き受けるから。

止めぐちは参加者皆の分だ。遊ばすことは、どうも知らない）

〽サヨサー思や門に立てぃてぃ
寝んだりみ無蔵　ヨイ
面影《うむかじ》や立たに　ヨイシサミ
夢や見《ん》だに　サーヨー
遊ばしやゆむ知らん

（慕っているあの人を門に立てて、眠られようか、彼女よ。
面影は立たないのか、夢は見ないか。
遊ばすことは、うまく知らない）

〽サヨサー夢やわね見らん
面影ん立たん　ヨイ
遊でぃちゃる野原ぐゎどぅ　ヨイシサミ
思い起す　サーヨー

汝やまーぬがまくぐゎ二才ぐゎ

（私は夢に見ることはありません。面影も立ちません。

ただ、よく遊んできたモーアシビ＝野遊び＝の場所を

おもい起こすのです。

お前はどこの度胸のある若者かい）

（以下略、順不同）

東方とは、沖縄本島南部の東部方面の俗称。地名がそのまま曲名になっている。歌は若い男女が野原に集まって歌やモーヤー（自然舞い）で遊ぶときのぞめき曲。この歌曲が登場すると、参加者は一人ひとり立ち上がり、乱舞を展開する。

やんばる汀間とぅ

〽スリサー野遊《もうあし》びぬ頭
ぶちげなてぃ寝《に》んてぃ
いちゃしくぬ遊びカマドゥぐゎとぅ
はまてぃいちゅが野遊びぬ頭役目

(モーアシビ=野遊び=の頭役だが、
卒倒して寝ころんでしまった。
どのようにして、この遊びを
いとしいカマドゥぐゎと盛り上げていくか。
モーアシビの頭役目よ)

〽今日《きゆ》遊でぃ明日《あちゃ》や寝《に》んだわんゆたさ　ヨ
いちゃしジントナーヒャーリヒャリーリ
リヤサハイヤ

本部　汀間とぅのぞめき曲で乱舞する古老たち
(本部ミャークニー大会)

くぬ遊び　スリササはまてぃいちゅが
フンヌイフンヌイなりてぃいちゅが
（今日は思いきり遊んで明日は寝込んでもよいさ。
どのようにして、今日の遊びを盛り上げようか）

〽サヨナー三線《さんしん》ぬ三挺《さんちょう》
あばぐゎ達《たー》が五人　ヨ
遊ぶたる野原ぐゎに　スリサーサ
思い残ちフンヌイ　フンヌイ
思ゆ残ち

（三線は三挺、娘さんたちは五人でもてもてである。
遊んだあとは、モーアシビの場に
思いが残って忘れられません）

やんばる（沖縄本島北部の俗称）のモーアシビで、愛唱されたのが急調子のやんばる汀間とぅ。ほかに今帰仁汀間とぅ、本部汀間とぅという同系の歌曲がある。明治生まれの古老は、本部汀間とぅが最も血が騒ぐと述べている。やんばる汀間とぅ系は、情感漂う叙情歌の〝王様〟ミャークニー（ナークニー）のあとにうたう習わし。急調子の歌・三線に合わせて乱舞する。座興歌の「〇〇汀間とぅ」系は、かつて、やんばるのぞめきの中心曲であったという。

乱舞と群舞

カチャーシーの生命は乱舞である。乱舞とは集団で入り乱れ舞う意。急調子の音楽に合わせ、まるで気が狂わんばかりに激しく踊り興じること。沖縄のあらゆる宴席や公演のフィナーレに必ず登場するのがカチャーシーである。祝座では、興に乗ると一人ひとり飛び出し、あっという間に乱舞となり座は盛り上がる。

男の人たちは大きな振りで、目の前方やや上で手をこねり、波が上下に揺れるよう軽やかに踊る。中には頭上で手をこねったり、こっけいなしぐさでアピールするなど、振りは各人各様で自由。女性は美しいこねりでしなやかに身体を動かす。雰囲気によってアドリブも生かし、お尻を振りなまめかしい演舞を披露するなど千変万化である。言うなれば、踊り手が陶酔状態になり、集団で自由奔放に演じ興じるのが乱舞ということになる。

集団による熱狂的な乱舞は化合状態なので、だれがだれだか見分けがつかない。会館などでの催しでは、演者だけでなく観衆も感興の渦に巻き込まれるのが、ぞめきの芸能の真骨頂なのである。乱舞は型のある創作舞踊と異なり、振りは自由。そこでは上手下手もさして気にならない。アップテンポの三線のリズムに合わせ、各人の思いを存分に発散すればよい。一人ひとりの演舞の差もカチャーシーの魅力である。乱舞には一種の陶酔感があり、解放的で万人のこころを明るくする。

群舞とは、大勢で舞い踊ること。近年、沖縄でも民踊民舞が盛んになり、種々のイベントで披露されている。群舞には簡単な約束ごとの型があり、大勢の人が同じ型を踊り、集団美を発揮するところにその目的がある。型らしい型のないカチャーシーの乱舞に対し、型にもとづく集団美が群舞の生命と言えよう。

海邦国体のアトラクションや各地の体育祭、イベントで、沖縄の歌曲に乗せた民踊、民舞の群舞が近年目立つようになった。新民謡の豊年音頭、カチャーチどんどん、シンカヌチャー、安里屋ユンタなど、色とりどりのコスチュームで踊る。また、稲摺《いにし》り節や屋慶名くわでさ節など、昔から伝えられている歌曲も群舞の演目になっている。乱舞には型らしい型はない。しかし踊る要領はある。群舞にはちゃんと型があるのだ。

芸能でいう型とは「もとになる形」「手本」「伝統的な形式」のこと。舞踊で言えば立型、構え、歩行、廻り、止まり、目付、手や足、コスチュームなど。創作舞踊にはこれらの厳格な決まりがあり、だれが演じても形式上はほぼ同じような所作となる。しかし、カチャーシーは発生史からも、創作舞踊でいう型はない。けれども、踊る際の基礎となる要領があるのは言うまでもない。

それでは、なぜカチャーシーには型がないのだろうか。カチャーシー（前身のサーサーモーイ）は、何よりも即興性の乱舞が生命。演舞は南島の人たちの原初的身体の動きが蓄積され、自由奔放な所作はカチャーシーの絶対条件なのである。踊る人は見る見る間に化合状態になり、無礼講の乱舞となる。沖縄のカチャーシーや奄美六調には、踊るコツはあっても型はない。だが、同じぞめきの芸能でも、本土の阿波踊りやハイヤ節系には一定の厳格な型がある。日本全国のぞめきの芸能で、沖縄・奄美のぞめきの芸能は即興性・自由性が大きな特色になっている。

舞いと踊りについて

次に舞踊について触れよう。舞踊という語は、「まひ」（舞い）と「をどり」（踊り）を併合した芸能用語である。そもそも舞踊ということばは、幕末か明治になって生まれた造語。「をどり」は「まひ」に比べ時代的に歴史が新しいようだ。「まひ」には旋回する運動があり、旋回運動から芸能化したという。「まふの古い意味は、もとほるという語の表すものに近い。もとほるの名詞形もとほりは、現在方言で『ものの周囲』とか『へり』とか意味しているという（中略）。もとほるという動作は、もののまわりをまわること。まふとは、もののまわりをまわる動作であり、かならず中心があって、その周囲をぐるぐる旋回する運動である」（池田弥三郎著『芸能』）。

旋回運動が芸能化するには、繰り返し行われることが重要。「まひ」の根源には、中心を回る旋回運動があり、神迎えの信仰動作でもあるようだ。回ることによって神霊が宿るという、日本人の古くからある考えが秘められている。沖縄の神事舞踊（円陣舞踊）の臼太鼓を見ると、そのことを実感する。

「をどり」と呼ばれる芸能は、跳躍運動から芸能化したと考えられている。『国語辞典』

（旺文社）によると、「舞い」は「音楽、歌謡に合わせて主に上体を動かし、足はすべるように進退させる静的おどり」とされ、「踊り」は「音楽などのリズムに合わせて手足やからだを動かすこと。舞踊」と記されている。

この概念内容からすると、「舞い」と「踊り」に大きな差は感じられなく、依然としてあいまいさはぬぐえない。しかし、舞いと踊りは芸能史上区別があったことは事実である。「盆踊り」のことを「盆舞い」と呼ぶことは決してない。明治以降「舞い」と「踊り」は合体して「舞踊」という造語が生まれ、あいまいさを残したまま伝えられているのである。

沖縄の舞踊も先に紹介した概念からすれば、なるほどと思う反面ぴったりしないケースもある。神事舞踊の臼太鼓は静的であるが、終幕のサーサーモーイの乱舞はそうでない。本書では「まひ」と「をどり」の関係を把握した上で、「舞い」「踊り」「舞踊」「歌舞」など、内容によって便宜上併用することにしている。

カチャーシーは祈りから生まれ、古い時代はいまよりテンポがゆるやかであったという。祭式舞踊の臼太鼓は無病息災、村落の繁栄、健康祈願、豊年予祝を主とした神アサギにおける奉納舞踊。本来呪術的な神事的性格が濃厚であった。サーサーモーイやカチャーシーの目玉唐船どーいのもと歌は、稲作農耕儀礼や種々の祈りが基底にある。久高島のイザイホーや各地の祭りでも、厳粛な儀礼を終えると、手拍子や鼓による儀礼成就の乱舞が見られる。

以上のことから、カチャーシーは創作舞踊でいう型はない。踊りの基本的要領があるだけだ。湧き立つ個人の感情に枠をはめ、形式化する必要はまったくない。無礼講でよいのだ。古い祭りの場における乱舞は手拍子や鼓の乱打で展開され、新しい時代の三線音楽による伴奏は急調子の歌曲。早弾きの歌曲には、三線の歌とメロディーがほぼ同じ場合（唐船どーい）と、あっちゃめーのように大分異なる場合もある。ぞめきの芸能は、指笛や囃子ことばも座を盛り上げ、さんざめく効果は大きい。

一九七〇年代に沖縄芸能界の一部で、カチャーシーの型をつくろうとする声があった。しかし、その動きは「カチャーシーとは何か」という本質的な認識が欠如しており、立ち消えになった。カチャーシーはウチナーンチュの感情高揚の最高表現として、三線音楽の狂奏曲に合わせ、即興的自由奔放な乱舞とうまく溶け合って醸し出されるという希有の構成をなしている。

この南島の人たちの原初的動作の身体表現に、型をはめることは邪道と言ってよい。カチャーシーは芸術舞踊ではないのだ。民族の魂の叫び、歓喜の表現として古くから伝えられている民族舞踊であり、沖縄芸能の原点だからである。

イベントのフィナーレでは、広場の観衆もカチャーシーを乱舞する
（琉球新報社提供）

カチャーシーの踊りかた

カチャーシーは創作舞踊でいう型はない。ここでの「踊りかた」とは、身のこなし、基本的要領と理解してほしい。踊りにあたっては、

○やおらガマク（腰）を入れた気分で上体を安定させ、棒立ちにならないような身のこなしの体勢をつくる。

○早弾きの三線音楽に合わせ、左右の手を自己の顔の正面上で交互にこねる。

○具体的に手の振りは、手のひらを上に押し上げ、その際手首をこねり回す。さらにこねった手を押し出すようにする。これら三つの動作を流れるように一回転させれば、こねり手となる。

○両足は軽やかに移動し、演舞の場所の大小によって

どういう動きをするか判断する。

○演舞は波に揺れるように身体全体で踊る。

○一般に女性の演者はしなやかな振りで、男性は豪快な振りで躍動的に乱舞する。

○カチャーシーは自由奔放な芸能なので、男女とも座の雰囲気によって喜びを千変万化表現すればよい。

以上の要領で、急調子のカチャーシー曲が流れたら、サバニに乗っているような、波が上下に揺れているように身体を動かせばよいのだ。カチャーシーは歓喜の身体表現だから、上手下手はあまり関係ない。「山城君のカチャーシー」「金城君のカチャーシー」「陽子ちゃんのカチャーシー」「ちびっ子のカチャーシー」など、さまざまなタイプのカチャーシーがあってよい。要は、急調子の三線のリズムに合わせて明るく軽快に踊ること。カチャーシーには民族の魂、生への跳躍が見られ、自由と解放を大きく呼吸する、ウチナーンチュの爆発的なエネルギーと、気概が込められている。

一九七二年（昭和四七）沖縄の本土復帰後、本土出身者の沖縄への転勤、移住者がずい分増えるようになった。また観光客も年々増大し、沖縄の各種イベントや宴席に参加する機会も多い。カチャーシーに加わっている本土出身者を見ると、どうしても姿勢が棒立ちで、両手のこねりもぎこちなく、下半身が重たく映る。

だが、本土出身者のそのような身のこなしはやむを得ないこと。われわれの身体の動きは一朝一夕につくれるものではないからだ。それゆえ、恥ずかしがらず気軽にどんどん挑戦し場数を踏めば、次第に躍動的な身のこなしも体得し乱舞のカチャーシーが踊れるようになろう。

世界の民族舞踊は、どのような暮らしをしてきたかによって、物の見かた、考えかた、身体表現が異なる。稲作水田農耕民族は、土に根を張る植物の動きによく例えられる。たしかに、農耕民族の動きは大地に足を踏ん張っているようで、足は地面から離れまいとしているかのように見える。だから、年中海に向き合って暮らしてきた人たちと比較すれば、どうしても下半身が重たいのだ。

そうとはいえ、黒潮の流れにさんざめく本土の阿波踊りやハイヤ節系には、南島との脈流も見逃せない。同じ黒潮文化圏下にある日本本土の動作も、遠い昔は南島と近似していたかも知れない。それが本土は農耕文化の発展で足が地面から離れまいとし、手の振りもこねりが変化や退化したと言えまいか。

なぜなら、本土にもこねり手はちゃんとあるし、「こねり手崩し」の芸能は多いとの報告があるからだ。こねり手は東洋、とり分け東南アジア方面に広く見られる所作である。

こねり手はニライカナイの神を招き寄せるとか、相手の魂を招き寄せる呪術としての招き手に由来していると、沖縄や奄美では理解されている。

ヨイヤナ囃子考

沖縄のカチャーシー曲唐船どーいに、「ユイヤナ」という囃子ことばがうたわれている。私は二十五年前まで「ユイヤナ」は、沖縄固有の囃子ことばと思い込んでいた。しかし調べてみると、全国に広く分布していることが分かった。

ヨイヤナやユイヤナの囃子ことばの源流は、愛媛県今治《いまばり》の「今治よいやな」であるという。この歌は今治市を中心に越智郡、伊予郡、南宇和郡に分布する座興歌。一般によいやな節と呼ばれている。

今治よいやな

〽積んで行こうか

お城の石を
船は千石
今治さして
帰れば満載
米の山
ヨイヤナ

〽寝たら夢でも　見よかと思って
枕取りよせ　寝てまで見たが
夢にも見やせぬ　あだ枕

〽今宵別れて　いつの夜に逢おぞ
遅し六月　宮島縁日
それには　必ず　出合いましょ
（以下略）

この歌は一六〇二年ごろ、藤堂高虎が今治を所領し居城を築いたとき土木運搬の人たちが「ヨイヤナヨイヤナ」と囃してうたったのが始まりという。この起源説に対し、戦国時代瀬戸内海で活躍した来島水軍の水夫たちが近世初期上方（明治以前京都、大阪及びその近辺の称）で流行していた「ろう斉節」を、伊予に持ち帰ったのが「よいやな節」の始まりという説もある。よいやな節はさらに九州方面へ伝播。一方、伊予のよいやな節は三味線歌として替え歌も生まれ、座興歌として定着したようだ。

よいやなは、四国から九州、中国へ運ばれ「六調子」を派生させた。九州に広く分布する六調子の囃子ことばには、必ずヨイヤナが登場する。これは、判を押したように奄美六調、八重山六調も踏襲している。歌の伝播で、歌詞や曲は変化しても、囃子ことばは変わりにくいことを示唆しているのではないだろうか。

以上のことから、本土のぞめきの民謡は結句のうしろに必ずヨイヤナの囃子ことばが登場する。沖縄の唐船どーいや沖永良部島の畦越いや各地の綱引歌でも、ユイヤナの囃子ことばがうたわれている。これは驚きであり、ぞめきの系譜を究明する上でも重要である。

本土の阿波踊り、ハイヤ節、六調子と沖縄の唐船どーいや沖永良部島の畦越いとは、曲の上で何の脈絡もない。しかし、ぞめきの芸能としての性格には共通性が見られる。

囃子ことばのヨイヤナやユイヤナを結句のうしろでうたう習慣があることは、人や歌の往来があった証であろう。それがどのように影響を及ぼし合ってきたかについては、まったく闇の中である。

第５章

カチャーシーの展開

シヌグモーイとさんざめき

祭りとは神霊をまつること。「祭りの根本は神と人と自然の生命力を更新すること」は既に紹介した。新しい時代になって、祭りにはもう一つの概念が生じている。それは観光を中心とする商工業や自治体の「○○まつり」「○○フェスティバル」と称す、各種のイベントの登場である。民俗祭事としての祭りと、イベントとしての祭りの決定的違いは、精進潔斎《しょうじんけっさい》(ものいみをし、心身を清める意)があるかないかが決め手になる。

かつて、祭式の場だけで演じられていた民俗芸能は、民俗祭事を離れて地域のイベントでも、どんどん披露されるようになった。これらのイベントに登場する民俗芸能は、精進潔斎とは無縁である。反対に各地の民俗祭事の民俗芸能は、神女や村の有志が必ず御嶽や神アサギ、祝女殿内などで祈願を行っている。民俗芸能は演技だけでなく、精神も併せて継承していくもの。こころとわざは一体なのだ。

南島の基層文化のシヌグ・ウンジャミ祭りのフィナーレを飾るのが、女性集団によるシヌグモーイ(臼太鼓)である。同芸能は、静動織りなす神事舞踊。演舞は拝み手、こねり手、押し手、祓い手などの振りを入れ、音頭取りの鼓と歌に合わせて踊る。曲全体はゆるやかながら、荘重である。

祭りでは奉納舞踊の臼太鼓が終わるや、一転して祝女が円陣の中心部に躍り出て、サーサーモーイで祭り成就の喜びを表す。伴奏は手拍子と鼓の乱打。さらに鼓歌は急調子になり、女性集団が一人ひとり乱舞の渦に飛び込みさんざめくのだ。踊り手のどの顔にも喜びが溢れている。

この興奮の渦、陶酔感こそサーサーモーイの真骨頂であり、乱舞の神髄である。古俗を伝える臼太鼓に、三線音楽は一切入らない。手拍子、鼓による音楽だけである。サーサーモーイは、のちに三線音楽によるカチャーシーに転化し、大きく発展したのだ。

エイサーのハイライト

エイサーとは、民俗行事の旧暦七月に行われる盆踊りのこと。目的は祖霊の供養。エイサーの起源は一六〇三年、浄土宗の袋中上人の来沖によって生まれたとの立場が多数説。しかし、発生についてはなぞが多く異説もあって、真相はまだ分からない。

沖縄のエイサーは民俗行事として旧盆に欠かせない鎮魂の芸能。古くは各戸巡礼し念仏歌を中心に演じてきた。のちに各時代に流行したしまうたを採り入れ、変化しながら発展してきたのである。一九五〇年代後半に入り、ミーウタ（新民謡）、楽器、コスチューム、隊型、参加人員の増大により、大胆なショーアップが演出された。いわゆる従来の各戸巡礼からグラウンドなど、大きな空間での演舞に変ぼうし、「現代エイサー」と称す巨大芸能に発展したのである。エイサーの巨大化は、各種イベントとも関係し大太鼓、締め太鼓、パーランクなど打楽器を多用することによって迫力ある演舞になったことが挙げられる。

　現在、日本本土や海外まで知られているエイサーは、沖縄本島中部の近代エイサーの系譜。沖縄市の園田《そんだ》や山里など中部一帯に分布する華麗なエイサーである。また、与勝半島の古俗を伝える平敷屋《へしきや》、平安名《へんな》のエイサーは行脚僧をほうふつさせるコスチュームで、一糸乱れぬ隊型美は神々しいほどだ。平敷屋や平安名のエイサーには、深い美学が感じられる。また、屋慶名エイサーは格調高く、洗練された演舞は中部エイサーの華の一つといってよい。

　やんばるエイサーと呼ばれる北部のエイサーは、各戸巡礼が本来の姿。モーアシビの自由奔放なモーヤー（舞い）から発展したティーモーイ（手舞い）による軽快な円陣舞踊が特色である。現存する沖縄県下のエイサーでは、最も古い。やんばるエイサーの起源ははっきりしないが、名護市東江の宿り集落東江原《あがりえばる》を発祥地と見る東江原エイサー説がある。もう一つの発祥地説は、本部町字瀬底《せそこ》の瀬底《しーく》エイサーが挙げられる。

南部エイサーは、沖縄のエイサーの原形に近かったようである。いわゆる念仏歌が中心の鎮魂の芸能だ。一九五三年ごろまで、南部の一部地域で伝えられていたという。ところが、同地域のエイサーはあまりに宗教（信仰）的色彩が強く、新しい時代の波に乗れず衰退消滅した。現在南部地域で演じているエイサーは、復帰後中部方面から導入したもの。

近年、県内はもとより全国的に知られているのが一九八二年（昭和五七）に結成された「琉球國祭り太鼓」の活躍だ。大太鼓を多用し、空手の演武を採り入れ、従来のエイサー曲にない「ミルクムナリ」（詩曲・小浜口説、編曲・日出克）などの斬新な音楽を生かした演舞も創造された。琉球國祭り太鼓は、イベントのパレードに打って付けで、各地に支部が次々発足するという人気ぶり。太鼓を打ちながら歩く演技は、イベントの花形として脚光を浴びている。

エイサーは中央（首里）から地方へ伝播し、県下の各地で変化発展した。古老によると、八月踊り（豊年祭）は古来の百姓村で生まれ、エイサーは帰農士族によって創建されたヤードゥイ（宿り集落）で生まれ、古来の百姓村に波及したという。また、八重山の盆のアンガマはエイサーの地方的展開で、古俗を伝えている。

エイサーは沖縄の夏の風物詩として年々盛んになり、今日では沖縄市を会場とする

「全島エイサーまつり」（主催・沖縄市など）や那覇市を会場とする「青年ふるさとエイサー祭り」（主催・沖縄県青年団協議会など）のビッグイベントが定着している。エイサーは沖縄の各種イベントに欠かせぬほど万人を惹きつけるエネルギーがあり、観光資源としても貴重な大衆芸能である。エイサーは沖縄から全国へ、そして世界へはばたいている。

エイサーのハイライトは、唐船どーいの乱舞である。唐船どーいの三線が高鳴り、炸裂せんばかりの太鼓が轟くとグラウンドの踊り手たちは何が何だか分からぬほど熱狂する。呼応して万余の観衆からも指笛が鳴り、騒然とした雰囲気になる。集団による群舞から、一転して乱舞でぞめくその瞬間は胸の血潮がたぎる思いである。この喜びよ、天にとどけ！といわんばかりに…。「沖縄に生まれてよかった」——。だれしも実感する。

エイサーは変化しながら発展してきた。そこには伝統を保持したいという考えと、新しい時代を反映させ、たくましく創造していきたいという二つの立場が葛藤しながら存在する。いわゆる、伝統と創造の命題に常に突き当たるのである。大衆芸能としてのエイサーは、各種イベントに引っ張り凧で正月でも演舞した例があるほど。この流れに対し、エイサーとは何だろうと提起する人も増えつつある。

そもそもエイサーは祖霊の供養が目的の民俗芸能。念仏歌の「ちゅんじゅん流り」がおめでたい座で披露されるのは矛盾も大きい。念仏歌を祝座で何の抵抗もなくうたう青年たちの意識も気になる。

前記のいろいろの矛盾を考慮し、これからのエイサーについて私は次のように提起している。まず、エイサーの概念を二つに分け、

①民俗行事として旧暦七月に行う、民俗芸能を「七月エイサー」と称し、

②娯楽やイベントが目的の創作エイサーは、「遊びエイサー」と称す。

右の概念整理をすれば、エイサー本来の目的や伝統を①の内容で生かせるし、時代の好尚を採り入れ、大胆なショーアップを演出した創作エイサーは、②の「遊びエイサー」の概念で発展させることが可能になるからである。

万人を熱狂させるエイサーの花形が、カチャーシー曲の一つ唐船どーいということになろう。このぞめき曲は乱舞が生命。演舞者や観衆も、乱舞を通して連帯感が生まれるのだ。

宴席・公演フィナーレの花

沖縄の結婚披露宴に一度でも参加したことのある本土出身者は、一様に目をまるくする。儀礼の新郎新婦の紹介、宴挨拶、カンパイ音頭が終わるのを待ちかねるように、舞台では多彩な芸能が披露される。出演者のおおかたは、新郎新婦の親戚縁者が中心だが、セミプロ級の腕前の御人も多い。

披露宴がおひらきになると、必ずカチャーシーの演舞となる。沖縄の場合、唐船どーいの三線が鳴り出すと、最初に新郎新婦が踊り、続いて一族郎党、友人、知人が舞台へ上がる。あとは押し合いへし合いしながら乱舞を繰り広げる。こうなると、もうだれがだれだか分かりにくい。中には十秒ぐらい踊って逃げ去る者や、「どうだ、俺のカチャーシーはうまいだろう」と言わんばかりの者もいる。各地の会場で毎日催される祝宴のフィナーレは、カチャーシーで華やぐのが習慣になっている。

興奮のるつぼ、当選の一瞬

「○○候補当確」—。テレビで当選確実の速報が入ると、各陣営の選対事務所は悲喜こもごもである。当選した陣営は、勝ちどきを告げる指笛、勇壮な太鼓の反響の中、候補者がすばやくカチャーシーを踊る。こんな明るい笑顔を見たことがないほど輝き、全身で喜びを表している。支持者の面々も乱舞し、あたりは興奮のるつぼと化す。沖縄の当選の一瞬は、万歳三唱より最初にカチャーシーで表現する候補者が多い。万歳もあるが…。

ウチナーンチュなら、だれがカチャーシーを踊っても恰好が良い。特に日ごろ芸能とは無縁な議員諸公のカチャーシーは印象深いのである。だれに教わったのでもないのにうまいのだ。

乱舞による騒然とした雰囲気、陶酔感、連帯の輪、歓喜の表現がカチャーシーの神髄なのである。沖縄では万歳よりカチャーシーがぴったりだ。このように当選の喜びを、言葉より先に乱舞で表現する風習は、日本全国どこにも見られない光景である。

飛衣羽衣カチャーシー大会

平成十三年（二〇〇一）八月十一、十二日宜野湾海浜公園多目的広場で「第13回飛衣羽衣カチャーシー大会」（主催・宜野湾はごろも祭り実行委員会）が開催された。はごろも祭りは二十四回目。同カチャーシー大会は「宜野湾市に由来する森の川の〝はごろも伝説〟にある王様への出世至福の成就と歓喜で結ばれる物語をヒントに沖縄の伝統的踊りであるカチャーシーで表現しようとするものであり、子供からお年寄まで多くの方々がチーム又は個人でそれぞれの思いを胸に込め湧き出るような歓喜の心を乱舞する大会であり、沖縄の夏を彩るイベントとして市内外の多くの皆様が期待されています」と、位置づけている。

このイベントはテレビで毎年放映され、出場は「団体子ども」「団体一般の部」「個人の部」に分けられ、平成十三年は総勢百二十人が出場したという。イベントとしてのカチャーシー大会の趣旨は立派で賛成だが、出場チームの演舞に問題が多いので、あえて今後の発展のために感じたことを指摘しておきたい。

イベントは「乱舞する大会」と銘うっているにもかかわらず、実際はそうではなかった。出場者のおおかたが乱舞ではなく、型にもとづく群舞であったこと。各出場チームがきれいに見せようと、同じ型で決まりきった演技で群舞になっていたのだ。それゆえ、ぞめきの乱舞とはほど遠い内容になっている。また、ゆったりした歌曲もカチャーシーと称す大会の内容に違和感を抱き、驚くばかりであった。

主催者や審査員がカチャーシーの本質をどれほど理解しているのか、疑問を持つ。芸能研究家の宜保栄治郎氏は「カチャーシーが阿波踊りのように大勢の人が同じ型で踊られるようになったらもうカチャーシーとは言えないのではないか」（平成十三年八月二十日、沖縄タイムス「島風」）と提起している。まったく同感である。

そもそも、カチャーシーに型があるわけがない。ぞめきのカチャーシーは、創作舞踊のような型はなく、感情の高揚による即興性の乱舞が生命なのである。つくりものでない、自由奔放な乱舞に大きなエネルギー、生命力があるのだ。沖縄の人たちは、言葉で嬉しいというより、身体で表現してきた長い歴史がある。南国の太陽の輝き、何物にもとらわれない自由奔放な解放感、神や幸せを招き寄せるこねり手、波に揺れる身体の動き、これらは南島の人たちが何百年何千年と培ってきたもの。その身体表現が乱舞のカチャーシーなのである。

日本のぞめきの華である阿波踊りは、本来死者の霊を村境まで送る日本の古い精霊踊りの一つ。古い姿の阿波踊りは、各戸巡礼もあったようだ。もちろん、振りも一定せず自由勝手であったという。昭和に入り、阿波踊りは大胆にショーアップされ、「連《れん》」と称すグループごとにイベント会場の桟敷前で演舞を繰り広げるようになり、変化しながら発展してきた。だが手の振りや足の上下の動作には厳格な型がある。

カチャーシーは、自由奔放な乱舞。阿波踊りは型のある群舞であり、乱舞である。わわれわれは、阿波踊りといえばテレビに映る桟敷の演舞を連想する。しかし、徳島では家庭や町の中を練り歩く古い阿波踊りもあったという。阿波踊りは「よしこの」というぞめき曲に合わせ、熱狂的に踊る型のある乱舞なのである。

ところが、宜野湾市の「飛衣羽衣カチャーシー大会」で演じるカチャーシーの曲目は、一部をのぞきぞめき曲ではない。演舞も、南島の民族的動作ではなく、新しい時代に見られる一般の創作舞踊なのである。これらの演舞は、群舞であって熱狂的な乱舞ではないのだ。徳島の阿波踊りは、日本芸能の古式を伝える型のあるぞめき曲による"乱舞"なのである。

沖縄のカチャーシーの行方について考えるなら、所作は伝統的な自由舞いを大原則にするのは当然のこと。音楽は、従来のカチャーシー曲だけにとどめず、乱舞用の熱狂的な急調子の創作音楽が強く望まれる。イベント会場やパレードで演じるカチャーシーは、型のある阿波踊りの真似をする必要はまったくない。これまで何度も強調してきたように、カチャーシーの神髄は自由奔放な乱舞にあることを銘記すべきである。

第６章

カチャーシーのこころ

あふれる連帯感

黒潮の流れ—という言葉を聴くだけで、われわれはなぜかこころがさわぐ。それは遥かなる原郷観念からであろうか。神事やモーアシビに登場するサーサーモーイやモーヤー、そしてカチャーシーは、悠久なる黒潮の流れにはぐくまれたウチナーンチュの潜在的モノの考えかた、身体の動き、原体験と深い繋がりがある。民族のこころと生活の香る歌や踊りは、民族のかけがえのない生命なのだ。

民族舞踊は長い歴史と風土が香り、それぞれの民族の原初的動作が反映している。民族舞踊や民俗芸能は、呪術的な神遊びが基底にあり、神霊の力を借りて超自然的な現象を起こさせようとする行為から発展した。サーサーモーイやカチャーシーの奥には、南の島の人たちの祈りが込められている。

われわれはふるさとの歌や芸能、祭りに触れると、遠祖の息づかいや懐かしさがこみあげ、郷土愛を深くする。さらに、カチャーシーなどのぞめきの芸能に飛び込むと同胞愛、連帯感が醸し出され、参加者が皆きょうだいのような気持ちになる。この心理作用は、ぞめきの芸能の核心をなす。

ぞめきの芸能は、ウマンチュ（万人）に喜びや力、夢を与え、連帯感を形づくる社会的はたらきがある。近年日本の民謡や芸能史で、ぞめきの芸能が見直されその分野の研究が滑り出したのも、その辺に理由があるように思う。いわゆる、歌や芸能の生態学的究明の重要性が認識されてきたのだ。

かつて、私はカチャーシーを南島特有の文化として拙著「『しまうた』を追いかけて」（一九九八年、ボーダーインク刊）で次のように紹介したことがある。「黒潮のざわめき、さんぜんとふり注ぐ灼熱の太陽。人なつこい島人の厚い人情。日々の暮らしの中で、折につけ自らの思いを発散、意思を鼓舞仕合う人びと。万人が渾然一体となり溶け込む独特のこねり手、揺れる身体の動き。乱舞。興奮したあの顔、この顔。そして〝いちゃりばちょうでー（兄弟）〟という熱い連帯、そういう沖縄・奄美の人たちの根源的エネルギーと生への歓喜の表現を、筆者は『カチャーシー文化』と呼ぶようにしたい」…と。

万人を陶酔させ、爆発させるエネルギーを内包しているカチャーシーは、黒潮文化圏に生きる人たちの生への歓喜と躍動であり、魂そのものである。その生命力や島のこころと地域の結びつき、連帯感はひじょうに大きい。

世界へ羽ばたくカチャーシー

世界の各地には、もう一つのリトル沖縄がある。海外で暮らす沖縄県人会の存在だ。世界二十八カ国に広がる県人四千人を迎えて、「第三回世界のウチナーンチュ大会」(主催・沖縄県など)が平成十三年十一月一日から四日まで宜野湾市の沖縄コンベンションセンターを中心に開催された。最終日は、四千人の海外のウチナーンチュと地元沖縄の人たちがカチャーシーで喜びを表現した。

その日は日本語、英語、スペイン語、ポルトガル語で「今日の出会いと感動を胸に友情をはぐくみ、生きる喜びを共に分かち合おう」と約束したのである。やはり、ウチナーンチュの歓喜の最高表現はカチャーシーだったのだ。前記のメッセージは、乱舞のカチャーシーにすべて集約されている。

カチャーシーは、急調子の三線によるぞめき曲に合わせ、陽気で自由奔放に踊る。世界の音楽は、身体動作が伴うと乗りやすい。乱舞のカチャーシーは、民族(南島)の原初的動作が基本。世界の各地で活躍するウチナーンチュたちは、それぞれの住む国で母国(沖縄)のカチャーシーを踊っている。カチャーシーは、沖縄だけのものであったが、いまや日本本土の人にも知られるようになり、近年外国人にも注目されるようになった。さんさんとふり注ぐ太陽。南方から北上する暖かい海流の、母なる黒潮。そのめぐみに花咲いた勇壮なカチャーシーは、沖縄芸能の原点といってよい。日本本土や海外公演に参加した人たちの話によれば、数ある沖縄の歌や踊りの中で最も外国人を奮い立たせるのは、やはり急調子のカチャーシーであるという。

陽気なカチャーシーのリズムを聞くと、外国人も自然に浮き浮きしてくる。指笛や太鼓が轟くと、舞台と場内は騒然となり、情熱的乱舞は燃え上がる。観衆は何だか分からないが、ついつい嬉しくなり歓声をあげ、身体を揺さぶる。中には舞台に飛び上がり乱舞の渦に入ることもあるという。

乱舞は国内国外問わず、理屈抜きに人々のこころを開く力がある。芸能は人と人、民族と民族を結ぶかけ橋であり、言葉でもあるのだ。カチャーシーは、世界の人たちと手を結びやすい。カチャーシーは、沖縄の巨大芸能エイサーの雄飛と相まって世界の人たちの目に触れる機会が多くなった。

民族舞踊は大衆的で、のびやかな自由性、雄大さがある。民族を「人種的、地域的起源が同じで、文化・社会・言語・宗教・歴史などの特色を共有する人間の集団」（旺文社・国語辞典）と捉えるなら、沖縄の〝民族舞踊〟は、カチャーシーが筆頭に挙げられる。なぜなら、カチャーシーは南島の人たちの原初的動きが昇華した芸能であるからだ。海洋民的波の揺れに似た乱舞のカチャーシーは、世界へ広がる可能性がある。

カチャーシーは急調子の沖縄三線音楽による陽気でリズミカルな乱舞だから、外国人も気軽に入りやすい。黒潮の流れに花咲くカチャーシーは、ウチナーンチュのこころの叫び、同胞愛、国境を越えた人類愛のメッセージとして、今後さらに世界へはばたくことだろう。

あとがき

沖縄・奄美の歌や芸能、祭りに関心を寄せ、探究を始めたのは一九七〇年代初めのことであった。当初私は、研究の方法論を持ち合わせているわけでもなく、試行錯誤の繰り返しであった。フィールドワークを重ねていくにつれ、歌の発生、伝播、芸態に興味が増し、やがて南島のぞめきの芸能にも関わることになったのである。

そんな折、四国徳島の桧瑛司氏が来県した。一九七六年のこと。私には渡りに舟であった。出合いのチャンスをつくってくれたのは、いまは亡きNHK沖縄放送局の宮城信行ディレクターであった。桧氏は開口一番「私が沖縄を訪ねたのは、あなたのような人たちに会いたかったからです」と、おっしゃったのである。若輩の私は恐縮すると共に、四国の民謡芸能研究の実力者である同氏との出合いを喜んだ。

その晩、わが仲間で交流会を催し、泡盛を酌み交わしながら日本本土の民謡や沖縄のしまうたについて忌憚なく話し合った。もちろん、ぞめきの芸談は大いに花が咲いたことは言うまでもない。那覇における交流をきっかけに、私たちは本土・沖縄の情報交換を行い、一緒に沖縄本島北部の調査見学に出かけたこともある。

カチャーシーという難題を究明していくと、その源流は祭式舞踊のサーサーモーイにたどりつく。いわゆる、儀礼成就の喜びを身体いっぱい発散する祝女や女性集団による乱舞である。このぞめきの芸能には、南島に生きる人たちの原初的所作が見られる。祭りの場における手拍子や鼓による乱舞は、のちに三線音楽による急調子のカチャーシーに発展する。カチャーシーは沖縄芸能の華なのだ。

万人を魅了し、興奮させるカチャーシーはたいてい祝座のおひらきに登場し、踊ることによって参加者は連帯を深めるという強い社会的はたらきがある。また、歌曲の系譜は異なるがぞめきの芸能、社会的役割という点で沖縄・奄美の乱舞と日本本土の乱舞には共通性があることも分かった。

琉球列島、日本列島に分布するぞめきの芸能は、海に面している地に多く、山村には見られない。太古からさまざまな文化を北へ南へ運んだ黒潮の流れは巨大であり、神秘である。悠久なる黒潮のさんざめきを色濃く反映している芸能が、黒潮列島の乱舞ではないかと私は考えている。カチャーシーは沖縄の人たちの最も身近にあり、かつ長い歴史の中で培われてきた芸能である。

本書は、カチャーシーを芸能の発生、展開、乱舞の系譜など、その広がりや変遷を追い、芸能としての論理化や体系化をめざすのが私の率直な願いであった。ところが、いざ着手すると、カチャーシーの文献資料が極端に乏しいこと。そして、研究対象が広汎であることや、関連する日本本土のぞめきの芸能の実態はどうなのか、アジアのこねり文化との関係などを考えると壁は厚い。だが、ここでためらいは許されない。これまで、だれも足を踏み入れなかったカチャーシーの謎を、少しでも解きほぐさねばならないのだ。

そんなわけで苦心惨たんしながらも、カチャーシーに寄せる民衆の熱い思いと表情を頭に浮かべながら取り組んできたのである。カチャーシーの陽気なリズムに触発されて…。したがって、本書はカチャーシーを識るプロローグと考えてよい。読者には、せめてカチャーシーの輪郭でも理解出来れば幸いである。そして、大いに踊ってほしい。

おわりに、本書の執筆をおすすめくださり応援くださったボーダーインクの宮城正勝氏をはじめ、担当者の喜納えりか氏に熱く謝意を表したい。

仲宗根幸市

平成十四年十二月

参考文献

「日本民謡辞典」 東京堂出版
「沖縄文化史辞典」 東京堂出版
「日本民謡集」（町田佳章・浅野建二） 岩波文庫
「日本民謡集」（服部龍太郎） 教養文庫
「日本舞踊体系・沖縄舞踊」 邦楽と舞踊社
「日本民族と黒潮文化」 角川書店
「芸能」（池田弥三郎） 岩崎美術社
「阿波踊りの世界」 徳島新聞社
「阿波おどり」 徳島新聞社
「私の阿波手帖」（桧瑛司） 桧小社
「沖縄大百科事典」 沖縄タイムス社
「沖縄地謡全集」 沖縄郷土芸能愛好会
「奄美島唄集成」（池野無風） 道の島社
「祭りと神々の世界」（三隅治雄） 日本放送出版協会
「奄美大島物語」（文英吉） 南島社
「はじめての三線」（漆畑文彦） 晩聲社
「文学」52号 岩波書店
「言語」十二巻4号 大修館書店
「しまうた流れ」（仲宗根幸市） ボーダーインク
「『しまうた』を追いかけて」（仲宗根幸市） ボーダーインク
「日本を知る小事典」5 現代教養文庫